般若心経に学ぶ

新装版

宝積玄承
Houzumi Gensho

東方出版

般《はん》若《にゃ》心《しん》経《ぎょう》

仏《ぶっ》説《せつ》摩《ま》訶《か》般《はん》若《にゃ》波《は》羅《ら》蜜《み》多《た》心《しん》経《ぎょう》

観《かん》自《じー》在《ざい》菩《ぼー》薩《さー》。行《ぎょう》深《じん》般《はん》若《にゃ》波《はー》羅《らー》蜜《みー》多《たー》時《じー》。照《しょう》見《けん》五《ご》蘊《おん》皆《かい》空《くう》。度《ど》一《いっ》切《さい》苦《くー》厄《やく》。舎《しゃー》利《りー》子《しー》。色《しき》不《ふー》異《いー》空《くう》。空《くう》不《ふー》異《いー》色《しき》。色《しき》即《そく》是《ぜー》空《くう》。空《くう》即《そく》是《ぜー》色《しき》。受《じゅう》想《そう》行《ぎょう》識《しき》。亦《やく》復《ぶー》如《にょ》是《ぜー》。舎《しゃー》利《りー》子《し》。是《ぜー》諸《しょう》法《ほう》空《くう》相《そう》。不《ふー》生《しょう》不《ふー》滅《めつ》。不《ふー》垢《くー》不《ふー》浄《じょう》。不《ふー》増《ぞう》不《ふー》減《げん》。是《ぜー》故《こー》空《くう》中《ちゅう》。無《むー》色《しき》無《むー》受《じゅう》想《そう》行《ぎょう》識《しき》。無《むー》眼《げん》耳《にー》鼻《び》舌《ぜっ》身《しん》意《にー》。無《むー》色《しき》声《しょう》香《こう》味《みー》触《そく》法《ほう》。無《むー》眼《げん》界《かい》乃《ない》至《しー》無《むー》意《いー》識《しき》界《かい》。無《むー》無《むー》明《みょう》亦《やく》無《むー》無《むー》明《みょう》盡《じん》。乃《ない》至《しー》無《むー》老《ろう》死《し》。亦《やく》無《むー》老《ろう》死《しー》盡《じん》。無《むー》苦《くー》集《しゅう》滅《めっ》道《どう》。無《むー》智《ちー》亦《やく》無《むー》得《とく》。以《いー》無《むー》所《しょ》得《とく》故《こー》。菩《ぼー》提《だい》薩《さっ》埵《た》。依《え》般《はん》若《にゃ》波《はー》羅《らー》蜜《みー》多《たー》。故《こう》心《しん》無《むー》罣《けー》礙《げー》。無《むー》罣《けー》礙《げー》故《こー》。無《むー》有《うー》恐《くー》怖《ふ》。遠《おん》離《りー》一《いっ》切《さい》顛《てん》倒《どう》夢《むー》想《そう》。究《くー》竟《ぎょう》涅《ねー》槃《はん》。三《さん》世《ぜー》諸《しょー》仏《ぶっ》。依《え》般《はん》若《にゃ》波《はー》羅《らー》蜜《みー》多《たー》故《こう》。得《とく》阿《あー》耨《のく》多《たー》羅《らー》三《さん》藐《みゃく》三《さん》菩《ぼー》提《だい》。故《こー》知《ちー》般《はん》若《にゃ》波《はー》羅《らー》蜜《みー》多《たー》。是《ぜー》大《だい》神《じん》呪《しゅう》。是《ぜー》大《だい》明《みょう》呪《しゅう》。是《ぜー》無《むー》上《じょう》呪《しゅう》。是《ぜー》無《むー》等《とう》等《どう》呪《しゅう》。能《のう》除《じょう》一《いっ》切《さい》苦《くー》。真《しん》実《じっ》不《ふー》虚《こー》。故《こう》説《せっ》般《はん》若《にゃ》波《はー》羅《らー》蜜《みー》多《たー》呪《しゅう》。即《そく》説《せっ》呪《しゅう》曰《わっ》。羯《ぎゃー》諦《てい》。羯《ぎゃー》諦《てい》。波《はー》羅《らー》羯《ぎゃー》諦《てい》。波《は》羅《ら》僧《そー》羯《ぎゃー》諦《てい》。菩《ぼー》提《じー》薩《そ》婆《わ》訶《かー》。般《はん》若《にゃ》心《しん》経《ぎょう》。

目次

般若心経に学ぶ

第一講　今なぜ『般若心経』なのか

今日、一般市民に親しまれている『般若心経』は、なぜ現代人にとって魅力があるのだろうか。先ずその辺を問うてみたいと思います。書店の店頭にも『般若心経』に関する本が数多く並べられています。この「般若心経のこころ」の集いも、その一つですが、あちらこちらのカルチャーセンターでも、『般若心経』の講座が開かれています。

今から二千五百年前にお釈迦様はお生まれになりました。もしお釈迦さまがこの世に存在されなかったならば、『般若心経』の今日の集いは出来なかったのです。そして、この地球上に人間として生まれてきたことが一番大切なのです。私も今ここに生きており、皆様方も今ここに生きておられる。だからこそ、こうして出会うことが出来たのです。これが私が十年早く生まれても十年遅く生まれてきておっても、皆様方とお会いすることはなかったかもしれません。そう思うと人間の出会いは不思議で仕方ありません。

この世に生まれてきて本当によかったと、皆様も私も共に言えるようになれば、この出会いの摩訶不思議の世界はもっと充実した不思議の世界に入っていくことが出来ることでしょう。

この経《きょう》のタイトルは、正しくは「仏説摩訶般若波羅蜜多心経《ぶっせつまかはんにゃはらみたしんぎょう》」ですが、普通は仏説がはぶいてあります。「仏説」、仏が説かれたという意味ですが、この仏はもちろんお釈迦様＝釈尊のことです。お経で「如是我聞」我かくの如く聞けりという言葉で始まっているのがありますが、それはお釈迦様がお話されたのを聞いたお弟子さん達がまとめたからです。仏説の中心はやはり仏陀、つまりお釈迦様になるわけです。

仏教の経典は五千四十八巻と非常に膨大ではありますが、そのすべてをお釈迦様が説かれたのではありません。お釈迦様は生存中に、話を聞く相手に理解しやすいように、その人その人の素質に応じて法を説かれました。お釈迦様が亡くなられた後に仏弟子達が集まって、生存中に説かれた多くの教えを編集しました。これを結集《けつじゅう》と申します。そして経典が作成されたのであります。

それでは何故仏説というのかと疑問が出ますが、一五〇〇―二五〇〇年頃に出られた僧侶で仏教学者でもある竜樹《りゅうじゅ》が著した『大智度論』では、仏典は後のお弟子さん達が、かつてお釈迦様はこのように言われた、こういうように教えを話されたのだとまとめたために、仏説となるといっております。

たくさんの経典の中に「般若部」という部分があります。その中心となるのが『大般若経』六百巻です。本文だけではわずか二百六十二文字の『般若心経』が『大般若経』六百巻のエキスなのです。言いかえれば、膨大な『大般若経』から一番いいところをとったのが、『般若心経』ということになるわけです。

ところで仏教は、二千五百年前にインドでお釈迦様が始められたのです。私も以前にお師匠様である妙心寺派の元の管長でありました山田無文老師のお伴をさせていただいて、インドの仏蹟にお詣りしたことがあります。ちょうど十二月八日でした。この日はお釈迦様の成道《じょうどう》(悟りをひらかれた)の日で、仏教徒にとっては大切な日であります。

お釈迦様は、カピラ城(現在のネパール国内)の王様の子供として生まれられて、何不自由ない生活をしておられました。ただ生後間もなくお母さまが亡くなられ、叔母さんに育てられましたが、恵まれた暮しでした。十六歳で結婚し、羅睺羅《らごら》という息子も出来て、外見は幸せな日々を送っておられるようにみえましたが、お釈迦様はそれらにあきたらず、人生とは一体何だろうかと悩まれたのです。

皆様方もそうであろうと思います。自分は一体何のためにこの世に生まれてきたのだろうか、現在生きておるけれども生きるとはどういうことだろうかと考え、追求されることでしょう。

人生には四苦、つまり生・老・病・死の苦しみがあります。生まれ生きていく苦しみ。いつまでも青壮年ではおれない、年をとって老人になる老いの苦しみ。それも元気であればまだよいが、いつまでも健康ではおれません。内臓が病んだり、腰痛や足痛が出て若い時のようには動けない。

元気なうちは何とも思いませんが、一度病んでみますと元気なのが一番いいなということになります。また体の病気はよく知っていても、心が病んでいるのを案外知りません。肉体だけ元気であればいいのではなく、心も健全でなければなりません。ましてや、死の苦しみは言うには及びません。

今、『般若心経』を学ばんとする心の底には、このような不安があり、苦しみがあります。いやそうではないと否定する方があるかもわかりませんが、じっくり考えてみますと、本当に尊い人生なのです。それこそ二度とない人生なのですから、どう生きていくべきかという気持ちがある限り、道を求めて歩んでいくべきではないでしょうか。

お釈迦様は、これ以上求めるものがないような満ちたりた生活をしておられましたが、人生に対しての悩み、苦しみの問題等つきつめて考えられても解決出来ず、夜もおちおち眠ることが出来なくなってしまわれました。二十九歳の時といわれておりますが、一人でお城から抜け出され、修行の旅に出ようとされました。王子様がその位も妻も子も捨ててしまわれて修行のために山中へ入られるということは、周りの者にとっては非常に大変なことでした。一回目、二回目とひき止めることは出来ましたが何度目かの後に遂に、お一人で山中へ入ってしまわれました。

史伝によりますと、六年間山中で修行されました。自分の家庭も何もかも全部捨て、社会からも没交渉で修行にうちこむのは、普通の人には容易に出来ることではありません。ところがお釈迦様はそのようにされたのです。

では、なぜお釈迦様というのでしょうか。それは釈迦族のご出身だからです。今もお釈迦様のお生まれになられた地方へまいりますと、釈迦という名前の人がおられるそうです。お釈迦様を釈尊とも申します。釈迦牟尼世尊《むにせそん》の省略形とされていますが、牟尼は聖者の意味ですから、釈迦族から出られた尊いご立派な方ということです。

お釈迦様の姓はゴータマ、名をシッダールタといいますが、ゴータマ・ブッダとも言われます。ゴータマは白い最高の牛のことです。ブッダはサンスクリット語で目覚めた人、悟りを開かれた人ということです。

この目覚めた人が教えを説いていかれる、これが仏教です。人間が人間として、人間らしく最高に目覚めた人のこの世での生き方が、仏教なのです。それがややもすると日本の仏教は誤解されております。亡くなってからお浄土へいってお世話願うのが仏教のようにとられておりますが、とんでもないことです。どこでどのように間違って解釈されるようになったのかわかりませんが、この世に生まれてきて、人間らしく最高の喜びをもって生きることを求めて実践していく、これが仏教でなければなりません。

私は京都の西の田園都市、亀岡の小さな寺に住んでおりますが、その小さな寺にも表門、裏門があります。どんな小さな寺でも門はあります。私は門を出る場合はいつも衣《ころも》姿です。背広を持っておりませんので、あれば着て出てもいいと思うのですが。時々「お和尚さん、衣をぬいで背広姿で一杯呑みに行きましょう」と誘いを受けることもありますが、その時も、「衣を着て堂々と行きます」と言うて笑うのです。

衣を着て出かける先は花園大学で、週三回学生と坐禅をし、若い人達と一緒に切磋琢磨しております。大阪へは毎週火曜日に、駅前のビルの二十四階にあるＮＨＫ文化センターで、坐禅と法話をしております。あちらこちらに出て行っておりますが、いつも現実の問題をかかげて生き、一般の方々と一緒になって共に語り、そして実践していきたいという気持ちでおります。

だから、そういう意味ではちょっと変わった坊さんに見えるかもわかりません。亡くなられた方を相手にするのではなく、現在悩んで悲しんだり、また喜んだりしながら力いっぱい生きている人達と一諸に生きていきたいという思いが私の心の中にあるのです。だから呼ばれれば、ビルの何階か、あるいはホテルの一角にでもこうしてやってくるのです。

現代、今一番大切なのは精神、心の問題です。この間ある新聞に宗教調査が掲載されておりましたが、外国人に宗教をもっておるかどうか尋ねますと、ほとんど九十八パーセントの人が何らかの宗教をもっていると答えるそうです。ところが、日本人に「あなたの宗教は」と尋ねると、五十人中二十人ぐらいが何かの宗教に関心をもっておるけれども、残り大半の人は全然関心がないか、宗教はいらないと言うそうです。

日本人は非常に不思議な民族だとよくいわれますが、それほど特定の宗教をもっていないのです。赤ん坊が生まれると、お宮まいりに神社へ、また七五三でも神社へおまいりします。結婚式は以前は神前が盛んだったようですが、近頃はキリスト教会での挙式に人気があるそうです。そして法事や墓まいりに行く等、いろんな宗教にかかわりをもつが、何の宗教を信じているのかと聞かれるとはっきり答えが出てこないのが日本人のようです。そういう意味で、外人の目には日本人が変わって映るのかもしれません。

毎週日曜日の朝、NHKの教育テレビで「宗教の時間」というのがありましたが、今は「心の時代」となっております。この番組は非常に長く続いておりますが、視聴率がよいからでしょうし、必ず視られる決まった多くの人がおられるからでしょう。それだけ心の問題に関心をもつ人が多いわけです。

二十一世紀はまさに心の時代です。海外へ出かけましてもそのことは痛感いたしますし、テレビでも「二十一世紀は警告する」という番組も作られました。それは人々の心の頽廃をクローズアップして、そうであってはならないと歯止めをかけておるのです。

私はこの三年間毎冬にヨーロッパへ行きましたが、そこで坐禅の実践とそれを通じての二十世紀の精神文化についての話をいたします。私の話を聞いて下さる相手はたいがいキリスト教徒でありますし、共に坐禅する方はキリスト教の神父さん達です。このたびもローマ法王にお会いさせていただきました。こんなことは以前なら考えられなかったことです。キリスト教と仏教が東西霊性の交流をいたしておりますが、これも心の問題です。

人間はじっくり落ちついて考えて、その静けさを保つようにすべきです。そういう人が、次第に科学文明の今の時代に失なわれつつあります。じっくりと心をひきしめて自分をみつめていく習慣を身につけていきたいものです。まさに二千五百年の昔に、坐禅を通して禅定《ぜんじょう》をやしなわれたのがお釈迦様であります。

お釈迦様は六年間の難行苦行をされても悟りはひらけませんでした。そこでブダガヤの菩提樹の下で坐禅をされ、深い禅定に入られました。十二月八日暁の明星をごらんになって、忽然と大悟されたのです。そこで成道の日となるのですが、もっと高くこの日が評価されるべきではないでしょうか。

我々は誕生日を持っております。やがて亡くなる日もやってまいります。この二つはお釈迦様にもあります。四月八日にお生まれになりましたが、降誕会《ごうたんえ》といって、その日には、お寺や仏教会等で花まつりの行事をいたします。小さい御《み》堂を季節の花で飾り、その中に水盤をおいてお釈迦様の像を安置して、お参りする人々は少さい杓でその像の頭上に甘茶を注ぎます。以前はその甘茶をもらって家へ持ち帰ったり、飲んだりしたものですが、ジュースで育った現代っ子は飲もうともしませんし、変な味とうけとるようです。

そして、二月十五日の亡くなられた日に、涅槃会《ねはんえ》といって、やはり各寺では法要を営みます。この時には涅槃図といって、お釈迦様が右脇下になさって涅槃に入られるお姿の周囲に、弟子達や動物達が嘆き悲しんでおる絵をかけます。そして十二月八日が成道の日で、この三つの記念すべき日があります。

我々も二つは可能である。一つはもうはっきりしています。お釈迦様と同じように誕生日があります。もう一つもやがてはっきりします。誰しも永遠にその日がおとずれないことを願いますが、それは不可能ですし、日付けはわかりませんが、必ずその日がやってくるのは生まれた時から決まっております。ではお釈迦様と我々とどこが違うのでしょうか。それは成道の日です。この日がないということはお釈迦様と非常な差が出てくるのです。

皆様が仏教の二千五百年の流れをくんで、絶対この日を迎えるのだとの自信をもって、まっしぐらに修行して成道の日を迎えることが出来るならば、『般若心経』の話は皆様方にとって最高のものとなりましょうし、またそれがわかってはじめて空《くう》の心が解ったということになるのです。

地球上にはたくさんの人間がおります。人類だけではありません。生きとし生けるものすべてに目を向け、そして生きていかねばなりません。お釈迦様が十二月八日早朝に大悟された瞬間、「奇なる哉《かな》、奇なる哉、一切衆生悉く皆如来の智慧徳相を具有す。ただ妄想執着あるがゆえに証得せず」とおっしゃいました。皆様方一人一人が仏様と同じ智慧と徳分をそなえておるのです。ただ煩悩だらけで妄想や妄念にふりまわされておるために、はっきりとそれらをつかむことができないということです。

窓ガラスが曇っておれば向こうがはっきり見えません。それと同じように自分の心も悩みや悲しみのために曇っておるならば、他の人をみてもなかなかすっきりしません。ところが明るくカラーッとした心でいるならば、見るもの聞くものすべてがきれいに楽しくなります。人間は自分の心のあり方によって受けとり方が大いに変化します。

「今日はあの人ゴキゲンだ」と言われる時は心がカラッとしておりますし、「どうも今日はムッツとしている」と言われる時は心の中に悩みやわだかまりがあるのです。こちらの方から悩みを聞いて慰さめてあげるとスカッとしてまいります。純粋になってカラッとしておれば、それこそ見るもの聞くものがすべてそのままに純粋に受け入れることが出来ます。

誰でもそんなことはわかっておりますが、頭の中の理解だけでは、妄想執着をとり除くことはなかなか出来ません。しかしお釈迦様は妄想執着をなくされたために、正しい人間に目覚められて仏陀となられたのです。二千五百年前の十二月八日の暁の明星をみられたお釈迦様のその心境がなかったならば、『般若心経』は生まれなかったでしょうし、また今日に伝わっていなかったことでしょう。

お釈迦様が亡くなられてからも、仏教は弟子達がその教えを広め発展していきました。そして大乗仏教がおこり、多くの大乗経典が作成されたのです。それらの経典がインドから中国、韓国を経て日本に伝わり、二十一世紀に向かわんとする現在、二十世紀人がそのことに触れていこうとしておるのです。それこそ摩訶不思議の世界です。

どんな本でも著者の名前が出ておりますが、経典の中には著者の名前のないものが多くあります。漢訳の経典にはただ訳者の名前だけが記されております。

現在、日本に伝わってよまれております『般若心経』は玄奘三蔵法師《げんじょうさんぞうほうし》の訳であります。この方以外にこのお経の漢訳をなさった有名な方が三人おられました。

鳩摩羅什《くまらじゅう》。クッチャの人で父はインド人、母はクッチャの国王の妹といわれております。幼少の時インドへ行き仏教を学びました。後秦の王姚興《ようこう》に迎えられ四〇一年長安に行き、経論の漢訳に専念しました。その数七十四部三百八十四巻に及びましたが、『阿弥陀経』『妙法蓮華経』『維摩経』が有名であり、『中論』『大智度論』『百論』等の論書も訳しております。

真諦《しんたい》。西インドの人で梁の武帝の厚遇を受けていましたが、武帝没後は中国各地を転々としながら『金光明経』『攝大乗論』『唯識論』『大乗起信論』等を訳出しました。不遇のうちに七十一歳で亡くなりました。

不空金剛《ふくうこんごう》、略して不空。北インドのバラモン出身です。十五歳で洛陽において金剛智三蔵に師事しましたが、師の亡くなった後、スリランカに行き、密教を学び、経典を多く持ち帰りました。多くの密教経典を訳し、『金剛頂一切如来真実摂大乗現証大教王経』は特に有名です。

玄奘とこの三人を合わせた四人を四大訳経家と申します。

玄奘は特に秀でており、千三百五十五巻という多くの経典を訳されております。この方は中国人ですが、今の西安、昔の長安の慈恩寺に住して、仏典の翻訳をしました。現在は大雁塔《だいがんとう》が残っております。その近くにある興教寺に玄奘のお墓があります。

数年前に私も中国へまいりましたが、その時この二つの寺におまいりしました。興教寺では、玄奘が持ち帰ったと伝えられている貝多羅《ばいたら》というものを見せていただきました。それは、玄奘がインドへ渡ってお経を持って帰られるのに当時は紙がありませんでしたので、木の葉っぱに梵語を書かれたのです。それが貝多羅で、日本で言いますと重要文化財か国宝級のものです。それをこの目で実際に見せていただいた時は有難いやらもったいないやら、非常に感銘をうけました。

今ではシルクロードを車で行けますが、それでも楽な旅ではありませんのに、『大唐西域記』にあるように見知らぬ国々を歩いてインドへ渡られたのです。十八年間あらゆる所で勉強をされて、教えを克明に梵語で書いて中国へ持ち帰られたのです。当時の政府から認められて、慈恩寺に大塔を建てたのが大雁塔でありまして、立派な美しい姿であります。インドから持ち帰った経論をそこで漢訳し、二十七、八人の人を指導していました。ですから、そこが訳本の経典の根拠地であったのです。このように僧としても訳家としても秀れた人でありますが、玄奘は三蔵法師の代表のようにいわれます。

三蔵は経蔵・律蔵・論蔵の三つです。経蔵はお釈迦様が説かれた内容の経。律蔵は戒律、僧侶としてあるいは仏教徒として守っていかなければならない規律のことです。比丘《びく》二百五十戒、比《び》丘尼《くに》五百戒といわれます。比丘は男性の修行者、比丘尼は尼さんのことですが、なぜか女性の方が戒律が多く厳しいのです。そういう戒律を中心とした内容のものが律蔵です。論蔵はいろいろ仏典を注釈したり、研究し論述したものです。

この経・律・論を学びきわめた人、実践された人を三蔵法師というのですから、多くおられます。真諦三蔵、羅什三蔵もそうですが、普通三蔵法師と申しますと玄奘三蔵と思われるほど、この方が特に秀でておられるのです。

現在私達はこの『般若心経』をはじめ数多くのお経をよませていただいておりますが、玄奘がシルクロードを通られて遙かな国インドへ渡られたその大変なご辛苦、また言葉の異なる彼の地での勉強のご苦労ははかりしれないものがあります。玄奘ばかりではありません。歴史の表面にあらわれることなく旅の途中で、また勉学の半ばで志を全うされることなく亡くなられた多くの僧がおられるのです。三蔵法師といわれない僧もたくさん経典のために生涯を捧げておられます。

皆様方はシルクロードを行かれなくても、玄奘三蔵法師をはじめ多くの僧が渡っていかれたシルクロードを運ばれてきた経典を通じて、インド・中国そして日本と、その長い歴史の流れを歩んでいくことが出来ておるのです。そういう背景があって今日私たちの前に『般若心経』があるのだということを深く思っていただきたいのです。

文化生活を送り機械文明の二十世紀の今なら、乗物を自由に駆使してシルクロードの旅も比較的容易でしょうが、寒い氷の山、乾燥した砂漠、炎熱の地をテクテクと二本の足を頼りに歩いていかれたのです。それを思うとこの一字一句を心してかみしめていかねばならないと、心底思います。

それに玄奘の訳は非常に忠実であると同時に、玄奘しか気がつかないような訳し方をしておられるのです。『般若心経』の構成は非常にうまい、たった二百六十二字をうまく使って訳していられる。漢訳出来ない部分はサンスクリットそのままを音写している部分もあって、そのあたりの配慮も非常に細かくうまいのです。偉大な方です。立派なセンスの持ち主であり人格者であったのです。その玄奘三蔵法師が日本にこうして経典をもたらした、その大きな働きをゆっくり味わって前に進んでまいりましょう。

ところで最初に返りますけれども、「今なぜ『般若心経』なのか」。今どういう時代なのか。ここには明治生まれの方、大正生まれの方、昭和生まれの方もいらっしゃいます。昭和だけでも六十年余、還暦を迎えました。

昭和元年、どういう時代だったでしょう。ここにも昭和元年生まれの方がおられるかもしれません。私は生まれておりませんでしたが、本や写真等を見ましたし、想像することは出来ます。もちろん新幹線はありませんでしたし、何十階の高層ビルもありませんでした。家庭でも電機掃除機、電気洗濯機、電気炊飯器もありませんでした。いやあったと言う方がおられるかもわかりませんが、それは特別な方です。ところがこの六十年間の変化、特に日本にとっては非常に大きいものです。

インドでは都会とその周辺は近代化されておりますが、地方の村では六十年間なんのそのというような、機械文明のはいる余地のない生活を続けております。これはインドだけではなく、世界のあちこちにもありますが、日本ではどんな田舎へ行ってもテレビ、電話があり、どんな小さな島へ行っても家庭電気製品があります。それほど都会の生活と田舎の生活とが接近してきているのです。日本中どこへいっても一応文化生活といわれるような生活水準になってきました。

特に大阪の中央、またこうしてエコール・ド・ロイヤルにいらっしゃる皆様方は文化水準も非常に高く、それこそ私共の及ばないような生活をしていられることでしょう。しかしその生活で満足出来ないものがあるのではないでしょうか。それは生きることの不安かもわかりませんが、それよりもこの命がなくなっていくことです。

一日一日接近しておるものがあります。それは死です。本当の生き方を望むならば、死が前にあって、それに向かって一生懸命今日の一日を充実して生きていかなければなりません。そういうことがわかっておる人は、真剣に生きておる人です。燃えて生きておる方です。

ちょうどローソクのようなものです。私はたとえによく話すのですが、ローソクにマッチで火をつける。初めは長かった。ところが燃えているうちに段々短くなる。燃えて長くなることは決してありません。自ら脂を出して燃えつきていく、芯も小さくなっていくと同時にローソクそのものも燃えつきておるわけです。今皆様方はオギャーと生まれた時に点火されたローソクのようなもので、だんだん短くなっていっております。そしてなくなるまで燃えていなければなりません。燃えつきるということが大切です。何もそれをこわがる必要はないのです。

生じたものは必ず滅するのです。これは真理です。この真理に向かってこわがる必要はありません。不安を抱くこともありません。『般若心経』はそれを教えておるのです。泰然として死に向かっていく心、それが空の心でなければなりません。

ところが現代人は虚栄に走り、繁栄に走りすぎているのではないかと思います。これでいいという満足感がないのです。欲しいものがあってお金を貯めてやっと手に入れたら、隣人が自分よりよいものを持っているのに気がついた。するとその人よりもっとよいものを手に入れたくなる。そうなると欲には限りがありません。

ところが生まれた時は裸であったはずです。いつの頃からか衣類を身につけるようになりましたが、一人一人不思議と服装が違いますと共に心も違います。似ておる人もいらっしゃいますが、細部は必ず違うのです。だから意見が合わなくなるのです。十人おれば十人の意見が合わないのが当然なのです。しかし意見が合わないといってケンカをしておればもったいないのです。だからお互い、ゆずり合っていくために心を広くすることです。自分のことだけ考えていると心があまりにも狭すぎるためにゆずることが出来ずに衝突するのです。

それほど人間は自我によって苦労するのですから、そういうしろんな問題をはっきり整理しなければなりません。これがやはり空の心ではないでしょうか。これには実践がともなわなければなりません。皆様方の日常生活においては生活即実践です。理論だけではだめです。『般若心経』はまさに、実践の道であります。そこに目を向けて、日日《にちにち》の生活を意義あるものにしていただきたいものです。

私が最近つくった詩にこんなのがあります。

現代人

流れる水は

再び帰らない
人生もかくの如し

限られた生命の中で
多忙なる現代人は
いったい
何を求めて
生きているのであろうか

虚栄なのか
繁栄なのか
空の心なのか

空の心とは『般若心経』がいわんとしている心であります。

お釈迦様が仏陀として自覚された心境に向かって皆様が歩んでいらっしゃるならば、皆様方一人一人の人生観は正しい。そこにたとえ至りつくことが出来なくても、至りつこうとする気持ちがあれば正しいのです。空の心に近づいていっておるわけです。ところが虚栄あるいは繁栄だけにめざめておったら、本当の人生観はつかめません。

流れる水は再び帰らない。どんな小さな川でも流れております。その水を手ですくうと手のひらにたまります。たまった水をおとすと流れていって再びかえってまいりません。逆流して上の方へいって、またかえってくるかというとかえってきません。上から下へ、高い所から低い所へ流れていくのが自然です。

流れる水が再びかえってこないように、我々の毎日の生活も人生も二度とかえってきません。昨日は再びやってこないのです。今日も再びやってきません。皆様方とこうしてお話させていただいているこの時間も、瞬間瞬間消え去っておるのです。過去から現在、そして未来に向かって、次は何が起きるのか、これも予想出来ません。明日のこと、一カ月先、一年先のことはわかりません。予定はたてても、すべて予定通り実行出来るとは限りません。個人だけでなく日本の国にとっても地球にとっても、何が起こってくるかわからないのです。

明日は未だ来たらず、だから未来というのです。そうすると今だけです。この瞬間瞬間が三十年を作り、四十年を作り、五十年を作ってきたのです。その瞬間、その場に今を生きることがお釈迦様の教えの空の心でなければならないと私は思います。

ローソクなら途中で火を消してちょっと一服ということも出来ますが、人生は長生きしたいから息を止めて一服しようというわけにはいきません。火の燃えつきる時は誰にも平等にやってまいります。その時を知ることも必要です。

我々禅寺では「生死事大、無常迅速、光陰可惜、時人不待」の句をよく使いますけれども、この気持ちが大切です。「時人を待たず」ですから、今を精いっぱい生きていこうではありませんか。この出会いを誰が定めたのですか。こうして皆が出会う瞬間、不思議であるとともにはかりしれないものがあります。

石は一つではなかなか火花が出ません。二つをカチッと合わせるから火花が出るのです。私の心と皆様方の心をカチッと合わせれば火が出るのです。全然通じないのなら、私の話が悪いのか、皆様方の求めている心と私の言わんとしているものがうまくかみ合わないのです。カチッと合えば火花が出、切磋琢磨出来るのです。

お釈迦様が二千五百年前に悟られたことによって、延々とこの流れが伝わっておるのです。その長い歴史の中に哲学あり思想あり、幾多の変遷をへて尊い人たちの力によってもたらされた『般若心経』の心は、簡単にわかりません。皆様方の真剣に生きていこうとしている心が、『般若心経』をわかろうと努力しておるのです。そのような心を持ち続けておる人には、本当の生き方が実際に現われてこなければならないし、日常生活がゆうゆうと、堂々と暮らしていけるようにならなければならない。

これからも皆さんと声をあわせて『般若心経』を唱えていきたいと思いますし、真剣に唱えておればそれなりに意義深いものがあります。

私はヨーロッパへよく行きますが、ヨーロッパの人たちは私と一緒にローマ字で書かれた『般若心経』を唱えております。数年前に「東西霊性交流」で日本へ来られたヨーロッパのカソリックの神父さんたち十七名があちこちの禅寺で雲水たちと一カ月間生活を共にされたのですが、その時もやはりローマ字で書かれた『般若心経』をよまれたのです。空の心はカラッポだから、何ものにもとらわれない自由な心だから、カソリックの神父さんであろうと、どんな人であろうと、その空の心は宗教を超えているから唱えられるのです。

第二講　真理を求めて

『般若心経』の心という特別講座ですので、まず第一に自分の心を落ちつけて話を聞く態勢が望ましいのです。

お経を拝読する場合にも姿勢が大切です。そして、声を出すのは健康につながります。お経をよむ場合、低い声はいけません。といって高い声も駄目です。普通は中音にしてよみます。そして節《ふし》はつけません。節をつける場合もありますが、御詠歌のように節をつけてよむ必要はありません。水が淡々と流れておるようなつもりで拝読します。それも喉で声を出すのではなくて、下っ腹から声を出すような気持ちで拝読するのが大切です。

前にも申しましたように、カソリックの神父さんが『般若心経』を拝読します。坐禅と法話の席でありますが、日本でも仏教者だけなく、神主さんもよんでいらっしゃいます。不思議でも何でもありません。『般若心経』は一切は空であるという教えであります。東洋では「無」とよく言います。非常に難しいですが、何もない無ではありません。空の教え、即ち無の教えであるが故に、宗派をとわず、国籍をとわず、これを拝読することが出来るのです。

仏説摩訶般若波羅蜜多心経

この題についてお話しましょう。仏説のないのもあります。この『般若心経』を訳された玄奘三蔵法師については前にも話しましたが、長い求道の旅の末に経典を中国へもち帰られた求道者です。皆様方がここにいらっしゃるのも一つの求道です。大きくいえばそれも自分の真理に目覚める道でもありますし、目覚めようとする心に気がついてきます。ふと気がつく、そのことが大切なのです。

仏《ほとけ》とは何なのか、これをはっきりと把握しておりませんと、仏教というものが間違ってくるのです。仏とはこの世の真理に目覚めた人、覚者のことで、その第一人者がお釈迦様、仏陀なのです。その目覚めた人、即ち仏陀が説かれたので仏説となるのです。

仏には十号と申しまして、十の呼び名があります。如来《にょらい》・応供《おうぐ》・正遍知《しょうへんち》・明行足《みょうぎょうそく》・善逝《ぜんせい》・世《せ》間解《けんげ》・無上士《むじょうし》・調御丈夫《じょうごじょうぶ》・天人師《てんにんし》・仏世尊《ぶっせそん》の十です。

如来とは、真理の世界からこられた覚者のことです。大日《だいにち》如来、薬師如来と多くの如来がおられますが、一般によく知られておりますのが阿弥陀如来といって西方極楽浄土におられる仏様で、我が国では浄土宗、真宗のご本尊であります。

応供は人天《にんでん》（人間界と天上界）の供養を受けるにふさわしい人ということです。悪い人にわざわざ供養する気持ちはおこらない。立派な人だったらお供養しましょうということになります。対象が供養されるにふさわしい立派な方でないといけません。皆様の周囲、お近くに供養をしてさしあげたくなるような立派な方がおられるでしょうか。もしおられても数少ないと思います。

正遍智は正遍学とも訳されておりまして、正しく悟れる人の意味です。立派な思いがあって、修行しようと思ってもなかなか出来ないものです。いろいろな悩みがあるかもしれません。また暇がないということもあるでしょう。ここへ来られている皆様方は恵まれている方です。「あんた暇そうに、よう行ってはるね、何しに行ってはるの」と言われるかもわかりません。その時に「真理を求めに行っております」と答えたら大したものです。皆様には正遍智の可能性が十分あるということです。

明行足は正しい智慧を持ち、行いをすることの出来る人。皆正しい智慧、正しい仏性を持っているのです。持っていないと思っている人はただ気がついていないだけなのです。

善逝は、真理の世界にいける人。この現実の生きている世界で立派なことをしておらなければ、極楽にいけませんよとよく言います。「あんた悪いことばかりしておれば地獄へ堕ちますよ」とも言います。そういう意味で真理の世界にいこうとする人は、この世で生きておるうちに立派なことをしておかなければなりません。仏様はまさに立派なことをなさるから善逝という呼び名があるのです。

世間解はこの世の中のことをよく知って正しく見分けることとの出来る人。この世の中のことを善か悪かと正しく判断の出来る人のことです。今怪人21面相とかおりますが、世間を正しく見分けることが出来ないから、世間を混乱させるのです。立ちかえる可能性はもっておるけれども、本人は非常に苦しみ悩んでいるのではないでしょうか。

無上士はこの上なく偉い人。一切衆生の中でこの上なく立派な偉い人のことです。

調御丈夫は人間をうまく調御して善道に入らせることの出来る人のことです。ご婦人の場合には、ご自分の家族にあてはめて考えることが出来ますが、子供が数人いてもそれぞれ個性が違いますから、各自の性格気質を見きわめた上で、うまくコントロールして子供にあたっていくのが母親です。

会社の経営者でも、同じポストに人をずっとおいておくのではなく、この人はこちらの仕事をしなさい、あの人にはこの仕事の方がふさわしいと、うまく適材適所に人を配置出来なくては、いい経営者とはいえません。あの人の言うことなら「はいわかりました」と答えられるけれども、「なんや、あの人が言うことだったら」ということもあります。いろんな問題をかかえながらそれが出来る人は非常に得難い人ですし、少ないです。ましてや上になればなるほど難しくなります。風あたりも強くなってきます。だがそれをやっていく人はぐんぐんのびていくことでしょう。

九番目は天人師、この世の中は天界と人間界とに分かれておるといわれております。その天の世界と地上の人間の世界の師匠、先生になることの出来る立派な方を天人師とよんでおるのです。

そして仏世尊、まさに字の如く、世の人達の尊敬をうけるに価する立派な人のことです。

さて、「摩訶」とは何でしょうか。サンスクリット語のマハーをそのままあてはめておりますので、この漢字そのものには意味がありません。『般若心経』の中には音訳といって音をあてはめておる字と、意味をもっている字の二通りがあります。

マハートマ・ガンジーという偉大なインドの指導者がおられましたが、トマは聖人、マハーは偉大なという意味ですから、偉大な聖人ガンジーということです。

マハーは、大きい、偉大なるということですが、単に大小の大きいだけでなく、優れたという意味も含んでいるといわれております。奈良の東大寺の大仏さまの正しい呼び名はマカ・ビルシャナ仏です。マカは大ですからビルシャナを省いて大仏です。もちろん大きい仏さまという意味もありますが。

「般若」はサンスクリット語ではプラジュナー。南方仏教の聖典語であるパーリ語ではパンニャーで、この音を写して般若となったのです。般若とは智慧、正しい智慧のことです。知識ではありません。知識は人から聞いたり教えられたりするものですが、智慧は自分から気がついて目覚めることです。

「三人寄れば文殊の智慧」と申しますが、ものごとを解決するのに、一人ではだめでも三人あるいはそれ以上でもよいのですが、各自がいろいろ考えて、自分の中からわいてくるものを出しあって工夫しているうちに、「ああ、わかった」というものが智慧なのです。人間にとって肉体も大切なものですが、中心になるのは智慧ではないでしょうか。

「波羅蜜多」はパーラミター。パーラは彼岸《ひがん》です。暑さ寒さも彼岸までといいますが、この彼岸の字を季節にあてはめています。

蜜多即ちミターは至る、到達する。こちらから向こうへ渡る、彼岸に至る。向こう岸に渡るということが波羅蜜多です。

彼岸に対して此岸《しがん》、こちらの岸です。此岸とは何なのでしょう。それは迷える凡夫《ぼんぷ》の世界のことです。彼岸は仏陀と違わない悟れる境地です。迷える凡夫が悟れる世界に至るのがパーラミターです。

此岸、この岸は毎日の生活で腹が立ったり怒ったり、いろんな問題に悩んでいる世界です。煩《ぼん》悩具足《のうぐそく》の凡夫と申しますが、煩悩だらけで意見が合わずに争いのある対立の世界、これもやはり此岸です。

インドには大河があります。ガンジス河、インダス河。中国にも楊子江、黄河があります。日本の川でしたら、たいがいこちら側から向こう岸が見えますが、中国やインドの大河は向こう岸は見えません。一見海かと錯覚するほどです。インドや中国から飛行機で来た人が、瀬戸内海の上空を飛んでいる時、海に浮かんでいる多くの島々が見えるものですから、何川ですかと尋ねられて、いやこれは海ですと答えたという話があります。あちらの人にとっては瀬戸内海が河かなと思うほど大陸の大河は大きくて向こう岸が見えないのです。こちらの岸から向こう岸へ渡るのは大変なことで、渡し舟で容易に渡れないのです。

この岸は日常生活が苦しく迷える世界でありますから、この世界を抜け出して向こうの世界へ行ってみたい、さぞかし楽園があるだろうと思って求め続けるのです。そこに彼岸がいわれるわけです。円満なる生活を送れるように、何とかして本当の真理に目覚めたいと願っておるだけでは駄目です。実際に物事に一つ一つあたって、具体的な生活をして実践の行がなければ、頭で理解しただけでは彼岸にはいけません。

波羅蜜多には必要な実践の修行方法が六つあります。布施《ふせ》波羅蜜、持戒《じかい》波羅蜜、忍辱《にんにく》波羅蜜、精進《しょうじん》波羅蜜、禅定《ぜんじょう》波羅蜜、般若波羅蜜の六つで、これを六波羅蜜と申します。

布施波羅蜜

お寺さんにお話してもらった時にお布施として金品を渡しますが、それではありません。これは日本でお坊さんが法事や葬儀をするので出来たもので、インドでは葬式、法事はしません。仏教の僧はそういうものをしないのですが、日本ではやっておる、ここに違いが出てきております。生きた人間を相手に説かれた教えが仏教なのですが、いずれの時代からか日本では亡くなった人のための仏教になってしまったのです。

布施には財施《ざいせ》、法施《ほうせ》、無畏施《むいせ》の三つがあります。

財施は、お金とか形あるものを施すことです。托鉢にこられたお坊さんにお米を供えるのも財施でしょう。暮にお歳暮、お盆にお中元を届けるのも布施の心でしょう。お中元、お歳暮も仏教から出てきております。

形あるものを供養するのが財施です。ところが家は貧しくお金もなければ品物もない、困ったものだと心配する人があるかもしれませんが、布施は財施だけではなく、形のない布施がありま す。

法施というのは、仏法を人に説いて聞かせることで、教えを説くことです。

そして、無畏施はおそれなき心を施していきます。

家へ帰れば、「うちのお母さんこわい顔をしている」では、おそれをとるどころか、おそれを与えている。これではいけないのです。母親のフトコロでお乳をのんでお腹がいっぱいで、すやすや眠っている赤ん坊は何の恐怖心もありません。その心が無畏の心です。母親は自分の子供に対しては目的をもって動いていません。無心で行動していられると思います。我が子のためには。その心があやまるといけません。

寄らば大樹のもとと申しますが、人間にもそういう人がおります。あの人の所におれば安心だといわれる人です。何にも言われないけれど存在だけで心が救われる人、何となく側によりたいような気持ちにさせる人、まさに無畏の心を施していられる人です。これは仏陀にして初めて言えることですし、仏陀のような方が無畏施が出来るのです。布施と申しましても、このように財施、法施、無畏施があるのです。

また、無財の七施があります。眼《げん》施、和《わ》顔《げん》施、言辞《ごんじ》施、身《しん》施、心《しん》施、床座《しょうぎ》施、房舎《ぼうしゃ》施の七つです。現代人はこの無財の七施があるということに気付くことが大切です。

眼施はやさしい眼で人を見、自然界を見ることです。やさしい眼で人を見るには、こちらの心にそういうものがなければやさしく見ることは出来ません。赤ちゃんを見る母親のまなざしはまさに眼施です。以前にＮＨＫの番組にありましたが、生まれたばかりの赤ちゃんは目が見えませんが、母親が赤ん坊の方を向いておるのがわかるのです。見えないけれども母親のまなざしが伝わって感じられるのです。

和顔施はにこやかな顔で相手に対応していくことです。特に女性にとって和顔は美しいものです。人間だけでなく、動物や植物にまでやさしい気持ちで接するようにしたいものです。やさしい気持ちから和やかな顔が生まれてくるのですから。腹が立っていては和顔施は出来ません。

言辞施、やさしい言葉で話をしていくことですが、これも自分の心の中にそういう気持ちがなければ、やさしい言葉は簡単に出てきません。自分の心の中に怒りがあり、苦しみがあって、なぜ優しい言葉が出ますかということになります。今言葉遣いが大変乱れてきております。特に若い人達は先生なのか友達と話しているのかわからないような言葉遣いの状態です。やさしいだけではなく規律ある言葉がともなってこなくては言辞施とは申せません。

身施、身を施こす、体を布施することですが、これは礼儀正しい生活身なり、正しい服装をするということになります。我々でしたらお坊さんらしい装いということで、坊さんか何かわからないようではまだ坊さんとしての身施が足りないとも言えます。昔、皆各自の職業にプライドを持っておりましたし、服装を一見して職業のわかることが多かったのですが、今は服装を見ただけでは職業はおろか、男女さえわかりかねることもあります。このようになぜ身施が乱れてきたのでしょう。心の乱れによるのです。

乗り物の中で体の不自由な方やお年寄りに席をゆずったり、目の不自由な人の道案内あるいは車椅子の人のお手伝いをしたり、重い荷物をもってあげたりと自分の体を使って、相手がしてほしいようなこと、喜んで下さることをするのも身施です。

心施、これは思いやりのある心を施していくことですが、現代に欠けておるものの一つです。現代社会では、これからますます思いやりの心はうすれていくでしょう。思いやりというのは、人から教えられて出来るものではありません。自ら気がついてこなければなりません。受け売りでは出来ません。にせものと本ものとは、最後にははっきりとわかってきます。施される方も素直な感謝の心が大切ではないでしょうか。

床座施、席をゆずって施しをする。どこへ行っても席はありますが、先輩からどうぞと、上座へ席をゆずるのが普通ですが、若い人達は上座も下座もわからないので、座敷で床の間の前に坐ったり、自由に席をとっております。お茶をやっておられる人はわかっておられますが、今は床の間は貴重な場所であることも知らないので、その人達にはそこから説明しなければなりません。

乗物の中でも席をつめ合ってどうぞお座り下さい、あるいはお年寄りや体の不自由な人に席をゆずる心が必要なのです。今はその心がないためにシルバーシートが作られたのです。本当はシルバーシートは各自の心の中に持っていないといけないのです。満員電車に乗るとわれ先となります。私は長い衣を着ておるためにいつも人に押されて最初に並んでいても最後に乗りこんで立っております。

房舎施、房舎は家です。昔は旅人が来て「泊めて下さい」と言うことがありましたし、インドでも乗り物のない時代ですから、旅人が歩いていて日が暮れると「今晩お宿をお願いします」と頼んだことでしょう。しかし「だめです」と断わってほうり出してしまう。本当は求道者のためには「どうぞゆっくりお休み下さい」という心が必要です。

我々禅寺では見知らぬ雲水でも請われると快く宿をします。そして翌朝は鞋資《あいし》といって何がしかをさし上げて見送ったものですが、交通機関が発達した現在は宿を頼みにくる雲水もいなくなりました。

これら無財の七施を考え、実行して下さるならば、皆様の日常生活が変わり、それが大きくは社会をよくするのです。二千五百年前に説かれたこういう教えが現代社会に忘れられておるのです。これは我々僧侶にも大きな責任があります。

持戒波羅蜜

六波羅蜜の二番目は戒をたもつことで、好き勝手なことをしておるようでは人格者といえません。日常生活がでたらめでは、いくらよいことを言っても、あの人は何をしておるのだということになります。持戒波羅蜜には不殺生戒《ふせっしょう》、不偷盗戒《ふちゅうとう》、不邪婬戒《ふじゃいん》、不妄語戒《ふもうご》、不飲酒戒《ふおんじゅ》の五つがあります。これも日常生活にあてはめるとよくわかります。

不殺生戒、これは生きものを殺すなと簡単にいえます。人間だけではなく、草や木や花、動物も植物も皆生きております。しかしそれだけではありません。建物も机も椅子もみな大切にしなければならないのです。生命あるものを殺すのはもちろんいけませんが、形あるものもこわさず、すべてを大事に丁寧に扱うべきなのです。

不偸盗戒、簡単にいえば人さまのものを盗んだらいけませんよ、ということです。

不邪婬戒、男女のよこしまな行動を慎しみなさいということです。これは現代非常に乱れております。

不妄語戒、嘘をつくなということです。本当のことを言いなさい。嘘が何もかも狂わせてきます。「うまいことを言うているが、どうもおかしいな」ということになると不妄語戒をおかしているのです。だんだんそれが大きくなっていく、これもこわい現象です。

「なんかこの頃おかしい、子供がお金をようけもっていくようになったな」とお母さんが首をひねることがある。子供はうまく嘘をついてお母さんからお金を出させていた。これも不妄語戒をおかしているのですが、こういうケースが最近は多いようです。小さい芽の間に摘みとりたいものです。

不飲酒戒、字の如くお酒をのんだらいけませんよ、お酒をのんで自分の心を乱すようなことがあってはいけませんよ、ということです。しかし、あの人とお酒をのむと楽しくて気がはれていいですねと言われる人、夕食時に酒をのんで家族がなごやかに団欒出来ることなどは不飲酒戒をおかしておるとは申しません。不飲酒戒の判断を間違わないようにしていかなければなりません。

忍辱波羅蜜

いろんな苦しみや人から与えられる辛いことにも耐えてうらまないのが忍辱です。毎日の生活の中の苦しさ悲しさに耐えて、明るい気持ちをもって生きていくことです。

精進波羅蜜

精を出して一生懸命努力してやっていくことです。怠け心をおこすと人間はますます怠けるようになります。怠け心をおさえ、自ら進んでたくましい心をもってやっていこうとする気持ちを自分で育てるべきです。特に真理を求める道には精進が必要です。求道心をもやし、正しい考え方で進んでいくのが精進であります。

禅定波羅蜜

禅定は心を一つに集中しておちつくことです。我々禅僧は坐禅によって修行しますが、これは坐禅をしておる状態です。人格円満な人となるために心を集中しておるのが禅定ですが、悟りをひらくための一つの道として、集中力がなければだめです。それを間違えると同じ集中でも違ってきます。

般若波羅蜜

般若即ち智慧のことです。これは六波羅蜜のうちの前の五つ全部を含めて般若波羅蜜を代表してここにタイトルとして出てきておるのです。

心経の「心」は、サンスクリット語でフリーダヤ、普通一般にいう心でなく心臓のことです。インド・中国・日本などの東洋では人間にとって心臓は一番大切で中心になっておりましたので、『般若心経』の「心」は肝心要《かんじんかなめ》という意味であり、この世の真理の中心ということです。「経」、スートラを訳して経なのですが、たて糸のことです。織物はたて糸が中心となってそれに横糸を織るのです。花輪に通っておる一本の糸をスートラといいます。珠数でも糸が中に通っておるので玉がつながっておるのです。たて糸がなければバラバラになります。肝心要となる真理の教え、いわゆるたて糸となるような教えが経です。中心的な心の教えがスートラということです。

しかし現代人はこれに気がつかずに生きておるのです。現代人がこれに気がつき、このことがわかって生活していくならば、それこそ毎日すばらしい人生がおくれます。

二千五百年前にお釈迦様がこういうことを自覚されたところに、偉大な出家としての価値観が出てくるのです。『仏説摩訶般若波羅蜜多心経』とは仏陀が説かれたこの偉大なる真理へむかう肝心な本当の教えであるということになるわけです。

こういう機会をみつけてふと我にかえるようにしていただきたい。そうすることが波羅蜜多の行を実践していることだと思います。

第三講　観音さんの慈悲

観自在菩薩　行深般若波羅蜜多時　照見五蘊皆空　度一切苦厄

観《かん》自《じ》在《ざい》菩《ぼ》薩《さつ》、深《じん》般若波羅蜜多を行《ぎょう》ずる時、五《ご》蘊《うん》は皆空《くう》なりと照見《しょうけん》して一切の苦厄《くやく》を度したまう。

観音さんは正しくは観《かん》世《ぜ》音《おん》菩《ぼ》薩《さつ》、あるいは観自在菩薩と申します。鳩摩羅什が訳された『般若心経』では観世音菩薩となっておりますし、今日我々がよませていただいている『般若心経』では玄奘三蔵法師が観自在菩薩と訳されております。

観世音、世の音を観《み》ると書かれておりますが、この観るという字にも意味があるのです。「見る」は単に肉眼で事物をみるだけですが、この「観」には、見ると同じ意味もありますが、自分の心で感じて知って見ぬいていく、この五体で受けとってそして感じてみていく、そういう深い内容をもっております。単に赤だ白だ黒だと判断して見るだけでなく、一度体でうけとって、心から判断してすべてのものを観ていくのですから、深い意味をもっております。

観世音の世をとって観音となっているのですが、音をみるのです。つまり世間の、苦悩の衆生の音声を観て下さる菩薩ということです。世間には苦や悩みをかかえた衆生が多いので、それらの声を聞かれて察知し、心から導いていって下さる菩薩が観音菩薩です。だから観音さまは救い主です。この世の悩める人を救っていく救済者です。

ところで玄奘はなぜ「観自在菩薩」と、「自在」の字をあてはめたのでしょうか。これは、この世の中の苦しみ悩める衆生を自在にみていくことです。自由自在という言葉がありますが、我がままに振るまってよいということでなく、自分の思いのまま心のままに振るまっても、法、真理にかなっていく、それでなければいけないのです。好き放題にして自由だ自由だといっておっても、果たして自由自在かといえばそうではない部分が多いのです。

この場合の自在は、「七十にして自分の欲するところに従って法《のり》を越えず」と孔子先生がおっしゃいましたように、自分の思うままにしていくが、規則に全然ひっかからない正しい行動である、このような意味なのです。玄奘は選んでこの言葉を作られたのです。そこに玄奘訳が見事に現代まで原典としてひきつがれておる理由の一つがあるのかもしれません。

観音さまにもいろいろあります。十一面観音、よく知られている千手観音は、千手千眼観音の千眼を省いて千手観音といっています。千の眼と千の手をもっておられます。その他聖観音、如意輪観音、馬頭観音等があり、呼び名が違うようにそれぞれ働きが違うといわれております。

では菩薩とはどういうことでしょうか。菩薩はサンスクリット語でボーディサットヴァといい、パーリ語のボーディサッタの音に菩薩の漢字をあてはめただけで字に意味はありません。仏としての悟りを得た人を菩薩といいます。

それをもう少し大きく広げていって、菩提心をもって修行しようという気持ちで、一生懸命行《ぎょう》を中心として実践していこうとしている人たちのことも菩薩と申します。だから皆様方のように、一般在家のままで願心をもって一生懸命修行していこうという心で日暮しをしている人たちが菩薩なのです。そこまで広く解釈することが出来ます。

観音菩薩をはじめとしていろいろの菩薩がいらっしゃいますが、その方たちは修行なさって仏の悟りを得られたことになっております。千手観音は手がたくさん出ておりますが、その手の先に眼がついています。手は非常に微妙なもので、ちょっとさわっただけで何であるかわかります。眼の働きに負けないものが手にはあるのです。すばらしい能力をもっておる千の手にさらに眼があるのはうまく出来ております。しかも千手観音の多くの手はそれぞれ働きが違うのですから、実にいろんな救済の手をさしのべることが出来るのです。衆生の悩みが多いからこそ観音さまの手も多くなるのです。

観音像は非常に柔かい線です。どちらかというと女性的な顔形で、決して男性的ではありません。観音さんは男か女かとよく言われますが、超越しておられるから男でもなければ女でもありません。

では何故女性的なお姿なのでしょう。だいたい女の人はやさしい。子に対する愛情、母親が子につくす心は特に優しい。慈母観音があって母親の優しさを象徴しております。この優しさが慈悲ですが、仏教には慈悲と共に智慧がなければなりません。智慧だけでもいけないし、慈悲だけでもいけないのです。両方を兼ねそなえなければならない。

お母さんでも愛情だけではいけない。智慧がなければ愛情がいきてきません。智慧だけあってもいけない。そこにやさしさ、慈悲心がなければ子供を育てることは出来ません。慈悲と智慧は車の両輪のようなものです。これを象徴したのが文殊菩薩と普賢《ふげん》菩薩です。お寺へおまいりしますと三尊仏をお祀りしてありますが、中央に釈迦像があれば左右の脇侍は文殊菩薩に普賢菩薩と決まっております。普賢菩薩は行徳の象徴であります。

浄土系は阿弥陀信仰です。西方極楽浄土にいられるといわれている阿弥陀如来が中央におられる時は、両脇に観音菩薩と勢至《せいし》菩薩が祀られており、この場合観音菩薩の慈悲に対し勢至菩薩が智慧を象徴しております。

「深般若波羅蜜多時」の「深」は深いの意味ですから、この世の中の真理、まだその上に深がついておりますから、奥深い六波羅蜜を行ずる時ということです。

春秋のお彼岸には我々よくお墓まいりをしますが、それも六波羅蜜の一つの実践です。お墓におまいりしてご先祖さまに対する感謝の気持ちを表わすのです。お墓まいりして腹の立つ人はおりません。もしそんな人がおるとすればこちらに怨みの心があるからです。こちらの心をきれいにすれば恨みも消え腹が立つこともないのです。自分の心を空っぽにして純粋な気持ちでおまいりしなければ六波羅蜜の実践にはなりません。

現在のお彼岸は聖徳太子の時代に始まったといわれております。春分、秋分の日をはさんで前後七日間ありますのは、六波羅蜜を行じるために六日と中日を合わせて七日にしたというふうに考えてみてください。前講で申しましたが、布施波羅蜜、持戒波羅蜜、忍辱波羅蜜、精進波羅蜜、禅定波羅蜜、般若波羅蜜の六つのために六日間の彼岸があると思って生きていくならば、皆様方の日常生活も少しは変わってくることでしょう。

ところが、人間というものはそう簡単に変わってくるものではありません。僧堂で修行をしてきまして、今も僧服を身につけて修行しておるような格好をしておりますが、人様から認められ支持されるようにはなかなかなれるものではありません。少々修行したところで、立派なものにはなりにくいのですが、しかし六波羅蜜を実践していくように努力したいものです。

では深般若波羅蜜多を行ずる時、どうなるのか、「五蘊は皆空なりと照見して一切の苦厄を度したまう」のです。蘊はあつまるという意味です。五蘊は色蘊、受蘊、想蘊、行蘊、識蘊の五つです。

色蘊はこの世の中の形のあるものすべて。人間の体も形がありますし、建物も形になっておりますから色蘊です。その形になっておるものの中にも例えば、皆様が着ておられる衣服、赤もあれば緑青黄と多くの色があります。木の葉は緑、空は青、黒板は黒というように物の色が顕色であり、円いコップとか四角いテーブルのように、物の形状を形色というように分けることが出来ます。

ここでいう色は自分の肉体のことと考えればよろしい。受・想・行・識の四つは精神、心の問題であるとお考え下さい。

受蘊というのは感覚です。自分の心に映ってくる感覚、喜びとか苦しみは自分で感じます。それは外の世界から受け入れられたものですね。そのように受蘊は感覚として受けとめることが出来ます。

想蘊は人間がもっている五感の働きを通じて感受されたものが、心によって表象されて形をもったものが想い出されることです。あれをやられた、いじめられた、腹が立つ、親切にしてもらって嬉しく思う、これらも想蘊です。そういう思いとか記憶とかの働きがどんどん出てきます。思いというのは何年も何年も思い続けることがあります。スカッと忘れられるとよいのですが、思いつめて大変なこともある。あの時にこうされたというような悪いことは絶対忘れない。反対に親切にしてもらって嬉しかったようなことは忘れがちです。人間の心は厄介なものです。うまくいきません。想蘊があるからです。

行蘊は、人間には意志力、行動として出てきます。今日は雨が降りそうだなと思うと傘を持っていくという行動になる。一つの意志力です。

意志力ということでは、最近の子供は我々の時代より少ないというか弱いですね。感動をしない、あまり喜ばない、積極的にものごとをやろうとしない、無責任である。これらは意志力不足の結果です。三無主義というのがありますが、無気力、無感動、無責任、それは行蘊が足りないのです。最近若い人達に多くなってきたといわれますが、困ったことなのです。行蘊の働きが出てこないような日常生活になりつつあるといえるかもしれません。

最後は識蘊、いろんな人から教えてもらった知識、それが全部頭の中につまっておるのです。それが判断として出てきて皆様方の日常生活は行われておるのです。

色は我々の体であり、受・想・行・識は精神的な問題で、この五つの世界が微妙に働いて人間を作り、人格を作り、そして生活が出来るのです。

空《くう》とはサンスクリット語でシューニャといいますが、『般若心経』の中の一番難しい言葉です。空はカラッポという意味を含んでおりますが、単なるカラッポではありません。ゼロという意味を含んではいますが単なるゼロでもない。一、二、三、四、五につながるゼロでなければならない。だから虚無ではない。何にもないのではない。ここが非常に難しく、しかも東洋と西洋の違いでもあるのです。

西洋は二の世界から出発します。東洋はゼロからの出発だといわれております。無、空からの出発だといわれます。絶対の世界、一の世界にある、これが東洋の仏教の中心なのです。二の世界でもない、対立の世界でもない、相対の世界でもない。

空とはまさに対立のない世界、二の世界ではない、だからといって、無である空であるといっても、何もないということではありません。

空のことで認識していただきたいのは、たとえばボールがある。ボールは中に空気がはいっておるので丸くなっています。ところが内側の空気が外の空気とつり合うぐらいはいっておったら、ボールははずみません。空気がはいりすぎてもいけないのかもしれませんが、はりつめておらなければなりません。空気がいっぱいつまっておると、ボールはポーンとはねている。空とはそのように目には見えないけれども充実して、そこにびっしりつまっておるのです。何ものにもとらわれないけれど充実したものなのです。絶対カラッポではいけないのです。

そこをややもすると誤解して、働かなくても何もしなくてもいいという考えになってしまうのです。三無主義、五無主義になるのです。何もなくなってしまってはいけないのです。空は、はりつめていなければなりませんが、腹立ち、いかり、愚痴、いろんな思いがあるけれども、そういうものにいつまでも執着をしておってはいけないという前提がなければなりません。

「照見」は、はっきりとものごとを照らしてみきわめることです。誤解は誰にでもよくあることですが、それはものごとをよく見きわめないからです。

皆様が子供さん達に注意すると、子供は反発してくることがあります。それは子供にとっては子供なりの理由があるからです。親が子供のことをはっきりと見きわめてくれないために、子供が腹を立てて反発することが多々あります。見きわめること、照見することはなかなか出来にくいのです。

　真理を正しくそのまま見ていく、悪いものは悪いままにみていく、よいものはよいままにみていく、そのままにみていくことが必要でありますが、それがなかなか出来にくいということにもなります。

「一切の苦厄を度したまう」とは、諸々の苦を払い、厄を払うことですが、苦とは何なのでしょう。人間はいいことばかりでなく、苦しみが多いものです。

　まさにお釈迦様が出家なさった動機は、生・老・病・死の四苦のためです。生まれたものは必ず老いていく。若い間は美しいとチヤホヤされていたのに、年をとるにしたがってそういうことがなくなってきます。外観も顔にはしわがより、毛髪は白くなったりうすくなっていきますし、プロポーションも変化していきます。いつまでも青春の希望の燃える年代が続いてほしいと思っていても絶対不可能です。老いるというのは淋しく辛く悲しいことです。

　老いの苦しみ、即ち老苦だけならまだ少しはよいのですが病苦があります。若い者も病みますが、回復力がありますから元気に元どおりになれます。しかし、老いての病は回復が遅い上に、全身あちこちに病気が出てまいります。入院なんかすると、一日も早く家へ帰りたいと願います し、健康でさえあればお金持ちでなくてもその日その日を暮らせていければよいと思います。

　子供に病気になられたお母さんは、常日頃は勉強をしなさいというのが口癖であっても、病気さえ治れば、元気でさえいてくれたら学校の成績なんか二の次だと考えるようになると思います。

人間はいつどんな病にかかるか、またケガをするかわからないのです。これが病苦。そして死の苦しみが最後にくるのです。

死は経験した人がありませんから、死の世界はわかりませんし、もちろん死について語った人もおりません。三分間仮死状態だったとか、意識不明で死んでおったという人はおられますが、それは近似死で、死にギリギリ接したのであって本当に死を経験したとはいえないでしょう。最終的に死は苦しみです。それはなぜか。生きておるからです。生きておるから年をとっていく、生きておるから病気になる、生きておるから死ななければならないのです。生を受けた時から苦は始まっておるのです。

四苦八苦という言葉がありますが、この生老病死の四つの苦しみにもう四つの苦しみを合わせて八苦になるのです。それは愛別離苦《あいべつりく》、怨憎会苦《おんぞうえく》、求不得苦《ぐふとくく》、五蘊盛苦《ごうんじょうく》の四つです。

愛別離苦は字の通り愛する人と別れる、あるいは離れなければならない。その苦しみは耐え難いものがある。どんな好きな人であっても結婚することが出来ず、一緒になれないことがある。また結婚することが出来ても永遠に一緒に過ごすことは出来ない。そして同時に死ぬこともできない。どちらかが先に死んで別れなければならない。

かわいい子供が成長した、何とか大学も出して就職した、ほっとしたら子供は親元を離れていってしまった。娘さんを育ててあげてお嫁にやらなければならないということもあります。花嫁の父親の心は特に大変らしい。愛した者達との別離は避けることの出来ないものであり、人間としてこの世に生まれた限りはどうすることも出来ない、大きな苦しみの一つであります。会った者は必ず別れるのです。

怨憎会苦、怨みのある人、憎らしい人に会う苦しみ。好きな人に会うのはよろしいが、嫌いな人に出会うのはかないません。同席しなければならない時は遠く離れた席についたりします。

子供の世界でも友達の好き嫌いがあり、好きな友達同志は仲よくするが嫌いな友達は仲間にも入れない。しかし大人はそうは出来ませんから、心の中で憎み嫌っておってもにこやかにおつき合いしなければならないので、苦しみも大きくなるのかもしれません。憎しみをもつ人、嫌いな人達に会わなければならないのも人間の苦の一つなのです。

現在戦争のない平和な日本で暮らせる我々は幸せであり、平和な国で生きておれるのは大変よろしい。しかし戦争中に生きた人、戦争に参加した人達は、戦争は……ということを考えます。そして戦争さえなければと思います。誰しも戦争をのろい平和を望みますのに戦争があるということは、大きな意味で一つの怨憎会苦です。

今アフリカへ行けば難民や飢餓で亡くなられる人がたくさんありますが、そういう苦しみに誰も会いたくないけれども、会わなければならないようになっておれば会ってしまうのです。生まれた土地が違っているとか、雨が少し多く降るとか、何かの条件がほんの少しでも違っておれば会わなくてすんだかもしれないのです。人間は好きな所で好きなことだけをしておるわけにはいかないのです。嫌な所へも行かなければならない。憎しみのある人とも会わなければならない、こわい人達とも出会っていかなければならない。このような大きな苦しみが人生にはあるのです。

求不得苦、求めようと思っても求められない、手に入らない苦しみです。あれを買ってほしい、これも買ってほしいと子供はねだるが、親は金がないとかその他いろいろの理由をつけて買わない、拒否をする。実際そうしなければならないのです。子供の欲望すべてをかなえられません。子供は得られないから腹を立て泣きわめくということがあります。

人間は子供の時から大人に至るまで、多くの欲望があります。玩具や着る物だったのが、家や立派なマンションと求めるものも大きくなります。しかしそれを買うだけの金がなければ得られない苦しみが出てきます。あの人は立派なダイヤの指輪をしているのに私は一つも持っていない、お金があれば買えるのにと悩んでおる。その人にとっては一つの大きな苦しみです。

何も物質だけには限りません。精神的な心の問題であっても、求めても得られない苦しみがあります。失恋なんかがそれにあてはまると思います。

五蘊盛苦は五蘊があるために苦しむということです。人には色蘊、受蘊、想蘊、行蘊、識蘊の五蘊があるために、なければ何もないのだけれども、そこからおこるどうにもならない苦しみがあります。

これら四苦八苦、即ち一切の苦厄を度したまうのです。毎日の日常生活で泣いたり笑ったり、あれが欲しいこれも欲しい、あれも出来なかったこれも出来なかった、あの人と別れた、この人とも離れなければならないと、いろんな問題がありますけれども、じっくりと考えてみれば、そういうものは上っつらだけをいっておるようなものである。この宇宙的存在からみればなんとちっぽけな問題であろう。

そう考えると、何もかも捨て去った後、執着しない心で、それこそ観音様ではありませんけれども、自由自在の心境で日暮しをしていくならば、一切の苦しみから解き放たれることが出来るだろうということになるのです。それにはこの六波羅蜜の深遠な教えを行じていかなければならないことを、『般若心経』のスタートに申しあげておるわけです。

鹿児島出身の西郷隆盛南州は「金もいらん地位もいらん、名誉もいらん」、そういう人でないと本物の人間ではない、一人前の男ではないと言われたそうです。普通は金が欲しい地位が欲しい、名誉が欲しい、と欲しいものばかりです。ところがそういうものにとらわれない心が必要であり尊いのです。

欲はいろいろあるけれども、本来は何もないのだと納得する。上をみればきりがない。我が家はあの家よりも小さいけれど、この家よりは大きいとかいいますが、これは比較論なのです。あの人よりも私の方が立派だと思ったりするが、それも対立がなければそんな思いは出てきません。人間は対立、比較して自分をみる生き方をしておりますが、本来は比較するものもないのですから、一応そういうところを通ってこなければなりません。そうすれば心が非常にカラーッとし、何ものにもとらわれなくなります。本来は何もないのです。対象もないというところを一度通らなければなりません。すべて空なりという世界を通ることが現代生活に欠けておるのです。

それではなぜ欠けておるのでしょうか。目が外に向きすぎておるからです。観自在の観は心に向かってみておるのです。心を内側に向けて内面をみつめていかなければ慈悲心はおこってまいりません。修行、実践して自分の心を本当に厳しくするよう心がけていくならば、人のあわれみがわかってきます。人の喜びがわかります。人の悲みが自分の悲しみとなってきます。『法句経』に「人の喜びを我が喜びとし、人の悲しみを我が悲しみとす」とあります。人の喜びが我が喜びとなり、人の悲しみが自分の悲しみにならなければならないのです。

観音様の慈悲は人から教えられるものではないのです。子供が親から教えられて愛情、慈悲心を育てることが多少あっても、慈悲心は自分からみつけていかなければならないものなのです。そして内側から自覚されて、泉がわき出るようにこんこんと、しかも自由自在に出てこなければなりません。どこででも、どういう時にでも出てこなければならないのです。

母親が子供を愛し育てるのは慈悲の心で出来ることで、価値観を通りこしております。理由があって子供を育てるのではない。その時は必死になって人間の愛情、慈悲心で育てておられるのですが、だんだん子供が大きくなってくると価値観が変わってくるのです。

これをすればこうなるだろうとか、これをしてあげるからこのようにしてくれというように、要求がこちらの方に入ってくるのです。要求が入ってきて、それが満たされればすんなりといくけれども、満たされなければこうしてやっておるにもかかわらず、そういうことをするとは何事かと、感情のいき違いが出てきます。それは価値観が中に入ってきているからです。価値観を通りこしたところでなければ、観音さまの慈悲とはいえません。

最近は西国の三十三札所をめぐるお参りが盛んになりました。私の寺の近くにも二十一番の穴《あな》太《お》寺《お》があります。以前はほとんどお参りがなかったのですが、近頃は多いです。札所は観音様をおまつりしております。ある時、多分丹後地方の話であろうと思いますが、山の高い所に霊場があって老若男女の多くの姿がみられるようになりました。そのお参りの人々をこちらの家からみておった人が「あそこへ最近多くの人が行かれるが何じゃな」「それは三十三のお札所まわりで、集印帳にはんこをついてもらいにまわっていらっしゃる方がたくさんおまいりに行かれるのでしょう」と話していた。いろんな問題をかかえた人たちが何とか心の安らぎを得たいと思って一生懸命おまいりされるのでしょうけれども、観音様のお慈悲にすがろうとしてもなかなかすがれません。「何のためにおまいりされるのかな」「観音さんにおまいりされるのでしょう」「おまいりに来ても向こうには観音さんはおられないよ、観音さんは自分の心にいらっしゃるんだよ」

それを聞いた人は驚いたのですが、事実、観音様の心は自分の心をたずねなければわかりません。六波羅蜜の行をして観音様と少しも違わない、この世の中を救っていこうとする心を得られなければ、観音様の慈悲心はわからないのです。だからこそ自分が大切です。

まさに観という字は自分の心を通してそこからみていく世界なのです。お互いに肉体をもってこうして生きておるわけですが、その肉体は必ず立派な観音様と少しも違わない慈悲心をもっておるのです。

第四講　一切はこれ空なり

舎利子　色不異空　空不異色　色即是空　空即是色　受想行識　亦復如是

舎利子《しゃりし》よ　色《しき》は空《くう》に異ならず　空は色に異ならず　色は即ち是《こ》れ空　空は即ち是れ色　受想《じゅそう》行識《ぎょうしき》も亦《また》かくの如し

お釈迦様は難行苦行を六年間されて「色即是空　空即是色」を体得されたのです。これは仏教哲学の核、中心をなすといわれておるのです。しかし仏教は頭で理解しただけでは本当の仏教ではないのです。人生経験にしてもそうだと思いますが、実際に苦労していろんな体験をして初めてなるほどとわかります。

親のありがたさも、自分が結婚して子供が生まれ、親となって初めて子育ての苦労がわかり、そして親の苦労、愛情がわかるのです。いろんな意味で体で体得する、実感することが必要なのです。実際に修行するという、行の裏打ちがなければなりません。お釈迦様は立派な修行をなされて数多くの経典のもととなる教えを残されたのです。

お釈迦様にはたくさんの弟子がおられましたが、特に秀でられたお弟子が十人おられ、この方たちを十大弟子と申します。

舎利弗《しゃりほつ》、目犍連《もくけんれん》、摩訶迦葉《まかかしよう》、阿那律《あなりつ》、須菩提《すぼだい》、優婆離《うぱり》、富楼那《ふるな》、羅睺羅《らごら》、迦旃延《かせんねん》、阿難陀《あなんだ》の十人です。

舎利弗はシャーリプトラといいますが、プトラはサンスクリット語で子供という意味です。インドにはサギの一種でシャーリというきれいな目をした鳥がおるそうです。ここでいうシャーリはお母さんのことで、つまり舎利弗尊者はシャーリの子供と解釈した方がよいのではないかと、現代ではいわれております。

玄奘三蔵法師は「舎利子」と子という字を入れて訳しておられますし、鳩摩羅什は子のかわりに弗としておられますが、どちらも同じです。この方はすぐれた智慧の持ち主で智慧第一といわれ、十大弟子の中でも特に頭のよい賢い方であったといわれております。

『般若心経』は十大弟子の中の智慧第一である舎利弗尊者を聞き手として、観音菩薩が真理を説いていかれる形に作られております。この経の中には舎利子が二カ所出てきますが、何も舎利弗尊者のお一人によびかけておられるのではなく、我々みんなによびかけておられるのです。

一切はこれ空なり、すべては空だというのです。「祇園精舎の鐘の声、諸行無常のひびきあり」

という有名な言葉で『平家物語』は始まっておりますが、日本では無常とよく言います。無常とは常ならずということ。毎日毎日変化をしており、昨日の自分は今日の自分ではない、今日の自分は明日の自分ではないというほど変化しているのです。これは人間の日常生活だけでなく、森羅万象この世すべてが刻々と変化をしております。

オギャーと生まれて十年二十年と過ぎ去った時の変化が、現在の我々を形づくっておるのです。無常であるから赤ん坊が大きくなり、そして大人になるのです。その無常の中で、しっかりとした生き方をするよう努力すべきなのです。努力して家も買えた、裕福な生活も送れるようになった、これも一つの無常から成し得たことなのです。しかし、いくら努力しても自分の望んだものを手に入れることが出来なかったということもありえます。

しかし、無常をはかない虚無的なものと考える必要はないのです。力強く生きる、積極的に前向きに前進するエネルギーがあります。その中にこそ本当の無常観があり、またそうならなければならないのです。それがややもすると「もう年をとってあきません」とか「なんぼがんばっても駄目だ」と虚無的になって、努力まで放棄してしまう人がおられるが、そういう無常におちいることはないのです。これはごく自然なことなのです。生まれてからだんだん年をとって、そして若い時のように物事が出来ないのは当然のことであり、ごく自然なあり方なのです。

この世のすべてのものは空であると説いておられるのですが、この空の心が問題なのです。心は果たして善なのでしょうか、それとも悪なのでしょうか。仏陀は人間の心はもちろんのこと、すべての心は善でなければならないといっておられます。この世の森羅万象すべて仏性を持っております。自分の本性即ち自性というものは元来清浄でなければならない。清浄なる体と清浄なる心がそなわっているはずなのですから、先ず各自の心の中にはきれいな清浄心があるということを自覚しなければなりません。

私は悪のかたまりみたいに因縁が悪くて、どうしようもなく業が深いんですという人もありますが、それはただ因縁によってそのように感じておるだけで、本当はそうではないのです。いくら努力してもうまくいかない時もありますが、そこで落胆することはない。本来清浄心であるのですから、一般の迷える凡夫もお釈迦様と少しも違わない仏性をもっておるのです。迷える凡夫が日常生活で悩んでおるこの心は、お釈迦様の心と少しも違わない善の心であると解釈するのです。

ではなぜ違うのか、それは修行とか努力、立派になるいろんな因縁が足りなかったこともあるのでしょう。しかし皆一つの可能性を持っておるのです。いいことですね、可能性があることは。未完成であるが故に、完成へ向かっての可能性を持っておるのです。人生は未完成で終った方がすばらしいと言う人もあります。完成に到達した人は、それ以上行く道がなくて淋しい。かち得た者はそこで満足してしまって、くずれていくしかない。これからもっとがんばろうと努力する人にはファイトがある。その張り合いある生活がすばらしいのです。未完成である故に、なお一層たくましい生き方ができるということです。

京都から大阪へくる私鉄沿線では桜の花が満開で、こんなに美しい花をたくさんつけてと驚きを感じます。しかしその桜も一週間ほどすれば散ってしまいます。雨が降ればもっと早く散るでしょう。

散る桜　残る桜も散る桜

という句があります。満開の桜をみていると風もないのに散っていく。まだ枝に花がたくさん残っているけれど、それらもやがては散ってしまう。人生も同じなのです。満開の時は木の下に多くの人が花見に集まってきたのに、散ってしまうと誰も来ません。このような無常の中で我々は生きておるのだということを心すべきです。

だから「色は即ち空に異ならず、空は即ち色に異ならず」ということになるのです。この二つの言葉はだいたい同じことで、「色即是空」を強調するために色と空を入れかえて言葉を重ねておるのです。

「色」は前にも言いましたように、この世の中の現象界、目に見える形あるものの世界です。しかし形あるものはすべて壊れていきます。自分の命、体はもちろんのこと、堅牢なこのロイヤルホテルの建物でも永遠にこの形を保つことは不可能です。古くなると建えかえなければならない。より一層立派になるかもしれませんけれども、古くなれば壊れていくのです。この地球上のもののすべてが壊れていきます。地球上のものだけでなく、地球も壊れる時があるかもしれません。

自分の思想、主義も壊れていくのです。変化をしていくという方がいいのかもしれません。あの人は心変わりをしたとか、裏切ったなどといいますが、自分の思いもいつまでも続くものではありません。百八十度の転回といったりしますが、自分の思い、主張が反対に変わることもあります。人間の心の移り変わりは、壊れていくのとはまた違いますが、変化いたします。

ところで自然界をずっと眺めてみますと、地球には大地があり、その大地には水があります。火山に代表される火もあります。動物の生存に必要な空気もあります。これが地・水・火・風の四大元素です。大地があるからこそ、木は根をはって地上に花を咲かせることが出来ます。それには水が必要です。水がなければ枯れてしまいます。水は生きていく上に欠くことが出来ません。それから温度がなければなりません。寒ければ成育できません。熱が必要ですが、しかし寒さに強いものは関係ありません。寒さに強いものは今度は逆に、あまり高温ではだめになります。そのあたりの調節が難しいのです。風も必要です。

この四大元素を自分の体にあてはめて考えることができます。地は骨格です。頭の毛髪も地の部分に入るでしょう。水はどうなるでしょう。人体にはかなり水分があります。身を切れば流れる血も水です。喉が渇いたら水を飲むのは、体が必要としているからです。

次に火の部分は何でしょうか。皆三十六度ぐらいの体温をもっておりますが、三十度に下がれば大変です。風邪でもひいて三十八度、九度になれば起きられません。体温計の目盛も四十二度か三度までしかありませんが、それ以上高くなると生きられないそうです。高くてもだめ、低くてもだめなのです。人間だけでなく他の動物も同じで、それぞれの適温を保っております。植物には外の気温が必要です。

では、人間にとって風はどういうことなのでしょうか。自分の手を動かすことが出来る、これは風の作用です。頭を振ること、体を動かすことが出来るのも風の作用。人間の体には骨が必要であり、水分も必要ですし、温度が正しく調節されていなければなりません。風の部分としては、自由に体を動かして運動をし、健康を保っていかなければならない。このように、人間の体にも地・水・火・風があるのです。

次に六根というのは、眼根、耳根、鼻根、舌根、身根、意根です。身根は体にふれるという意味を含んでおります。

人間には六根の働きがあります。目で美しいものを見て、自分の心を成長させていく。心を成長させなければならないのです。木でも根が大地にしっかりはって栄養をとっておるので、葉を繁らせ花を咲かせ、実をみのらせることが出来るのです。成長するためには根が必要です。同じように人の心の成長にも根が必要なのです。

目でものを見ることが出来るのはありがたい幸せなことなのです。目を大切にすると共に目を十分使って心の成長を心がけるべきです。人の所有しているものを見て、あれが欲しいこれが欲しいばかり言っておると、心は成長しません。

耳根、耳できれいな美しい音楽を聞くと、気分も爽快になります。あるいはなごやかになります。いやなことは聞きたくないと何もかもシャットアウトして自分の心を小さくするのはいけません。人の言ういろんなことも聞いてあげて、心の中で消化して成長していくのも耳の働きであります。

舌根、舌というのは、ここではおしゃべりというよりも、味わう感覚を考えればいいと思います。舌があるのでおしゃべりも出来れば食物を味わうことも出来ます。何十年間にいろんなものをいただいているが、それぞれ違った味を舌で味わえるから食べるのが楽しいのです。

健康な人が塩味のない病人食を食べると、それこそ味がないといって残してしまうことでしょう。舌の味わいがわからなくなれば、食べものがまずくなって食べられなくなる。すると体は弱ってきます。子供の時に食べた味でも、おいしかったものは覚えています。

おいしいもの、まずいもの、好きなもの、嫌いなものは犬や猫にでもわかっておりますが、食べることによって心を成長させておるかといえば、果たしてどうでしょうか。疑問が残ってきます。

我々修行者は食前に「食事五観の偈《げ》」というのを唱えますが、その中に「五つには、仏道を成ぜんがためにまさにこの食《じき》を受くべし」とあります。仏道修行をなしとげるためにこの食事をいただくのだ。こんな気持ちでおればこの舌根もいかに大事かわかると共に感謝の気持ちも生じてまいります。

次に身根、体です。この場合は手とか足とかの体の部分をさします。頭をなでてもらうと子供は喜びます。子供を育てるのに、ほったらかしてテレビだけみせていたら、子供の情緒の発達によくないといわれます。手とり足とりしてよしよしと言うのも時には必要なのです。スキンシップを忘れてはいけないといわれます。人間の成長には触れることも必要で、これは身根の働きであり、そして心の成長をのばしていくのです。

意根、これは心の現象です。心におこってくるあらゆるものの源と考えればよろしいです。次に出てくる「受想行識も亦かくの如し」の受想行識は、この心、意志にあてはまると思います。ついでに受想行識をもう少し考えてみましょう。

五蘊のところで触れておきましたが、受とは外からきた刺激を心の中に受け入れることです。それが想になりますと、外界から入ってきたことを心の中に受け入れただけでなく、思いうかべる働きになります。

たとえば赤色を見ると、そこに何かを連想する働きが出てきます。子供の時に着せてもらった赤い着物の印象が強烈であった場合、赤を見るとその着物のことを思い出すことがあります。着物だけでなく、何をしたかとか一緒にいた人とか、連鎖的に記憶がよみがえります。一つの音を聞いて他の思考が出ることもあります。ピアノを聞いて子供の頃ピアノを習っていた先生や、そこで出会ったお友達、あるいはピアノ演奏に行ったとか、それぞれいろんな思いが出てくることがありますが、一つの音を聞くことにより、時間的に遠く過去へさかのぼって関連したことを思い出す。人間の感覚にはそんなことがあるのです。このように外界から入ってきたものによって心に思い浮かべる作用が想なのです。

行、これはちょっと難しくなりますけれども、心に思い浮かべた対象に対して心の働きを作っていく力、意志力、行動力です。

道を歩いていると、通りすがりの人が倒れた。その瞬間に手をさしのべて助けおこしてあげる働きが出てまいります。知らん顔をしている人もおりますが、勇気のいることです。

乗物の中で車内暴力に出会った場合、知らん顔をするかこそこそ逃げ出すのが普通です。下手に止めに入ると逆にやられてしまうと考えるのです。本当の心はそうではなく、止めなければならないと思っているのですが、行動に移るまでに他の判断に変わってしまうのです。そこら辺が今の世の中非常に複雑になって、人間の心を全部変えていってしまうのです。きれいな心を持ちながら、それを表に出すことが出来ないで、ひねくれてしまっています。心の形づくる力、意志力が変形されているので、それでは本当はいけないのです。

善と悪とは必ずはっきりとわかっておるのです。あの人は怠慢だな、あの人は勤勉だななどの判断は誰でもできる。同じ会社に勤めておっても、真面目にやっておる人、うまくさぼっておる人ははっきりわかります。それらは行の働きです。わかるけれども、その世界をどうしていけばよいかとなると難しい。意志力の考えをもっとのばしていかねばなりません。

識の世界では、目で見たり、耳で聞いたり、鼻でにおいをかいだり、舌で味わったり、体で触れたりなどで生じた感覚が、正しい判断になって出てこなければなりません。善なる判断につながるようにもっていかなければ、この世の中がわからないのです。

しかし難しいのは、この世の事物は、実際は自分の命であっても、自分の所有物でないことです。それを自分の命、体を所有物であると思うことから悩みが出てくるのです。この世に生まれてきたのは、与えられたものです。恵みをうけたものです。それこそ天地のおかげなのです。しかしそれはやがて消え去っていくのです。だから空なのです。

すべて空に帰してしまうといわれますが、空の世界は自己のものとして所有することは出来ません。ましてや自分の親や子供、夫や妻は自己の所有物ではない。ところが自分の所有物と錯覚するので腹が立ってくるのです。我が子でも一人の立派な人格をもった独立した人間であって、親の所有物ではない。それを所有物のように思っているから判断をあやまりがちになります。自分の子供はかわいいが、よその子はかわいくないと分かれてしまうのです。所有物でなく仮のものなのです。因縁により親子になったのです。

仏教を知るのは因縁を知ることなんです。因縁によって今、こうして皆様と会っているのです。因縁を本当に知れば、識の世界がはっきりわかってきます。

一つのものにとらわれてしまいますと、何もかもおかしくなってきます。自分の財産でも、それに執着しますと、それによって人生がうまく全う出来ない場合があります。財産も、今あずかっておるだけで、所有物ではありません。皆様方銀行にお金をたくさん預けておられると思いますが、それも預かってもらっておるのです。いつ何時空っぽになるかもわからない。もっと増えるかもわからない。「かもわからない」という世界があります。

山本玄峰老師という三島の竜沢寺におられた立派なお坊さまは、大分前に亡くなられましたが、九十六歳まで生きられました。

この方は屈託のない淡々としておられた方で、お亡くなりになる前に「わしもそろそろこの世とお別れじゃ、食事を運ばなくていい」とお弟子達におっしゃった。弟子は「困ります。今頃死なれたら暮れの十二月バタバタせんならんし困ります」「じゃ皆に迷惑にならんように日を延ばそうか」ということになって、再びお食事をとられるようになった。しばらくするとまた「もうわしもこの世とお別れじゃ」といわれたがお弟子の反対で食事を召し上がられた。「この時期だったらいいかな」とおっしゃると「いやそうおっしゃっても」というように、何度か老師とお弟子の間で話があった。しかし最後は食事をもってきてもお召し上がりにならずに亡くなられたのです。

その玄峰老師が亡くなられた日の朝日新聞には「現代の数多い禅僧の中で本物の禅僧であった」と報じられていました。修行をなしとげられ、多くの弟子を育てられた立派な九十六年間の生涯、全部を捨て去ってサラリとした心境でおられたのです。

この方はお金にも屈託のない方で、お金が入ってきても出すのにサッパリとしておられる。お札にはいつもきれいにアイロンをかけて大切にしておられました。その方が晩年弟子にお金を求められると、「いくらいるんじゃ」と求められるままに出しておられた。その出される時にボソボソおっしゃっているが、初めはわからなかったそうですが、「またかえってこいよ」とおっしゃっていたそうです。

入ったものは出し、出したら入ってくる。流れるように回らなければならない。所有欲があって自分のもとにとどめておこうとするので、ここに執着がおこってしこりが出てくるわけです。一つのものに執着する人間は「これは俺のものだ」となってくる。「これは絶対離さない」と執着してくると、人の持っている物までとってしまうようになります。

自分の財産も子供も、自分のものではないのだから所有欲をおこすべきではない。自分の命も与えられたものであって、自分のものでない。与えられたものだから、自分の意志に反してあの世へ旅立たなければならないのです。それを知れば「色は即ち是れ空なり」です。いくら財産があってもあの世へ持っていくことは出来ません。さっぱりした方がゆうゆうとあの世へいけるかもしれません。

難しい「色即是空、空即是色」ですが、何ものにも執着しない無執着のままで生きていくことが、空を知ることでなければなりません。だからこの世の中の真理を、目をはっきり見開いてみ、耳をしっかり聞こえるようにして聞かなければなりません。この五感の働きを正しくするには、心の働き、心の成長に向かって実践することです。こうなると難しい生き方になります。

地位も名誉もこの世の一時のあずかりものです。年をとってくるとだんだんいろいろの役をもたされてきます。自分もこんな役をするようになったなと思いますが、偉くなったのでも何でもない。先の方がだんだん亡くなっていかれて、いつの間にか自分に番がまわってきただけなのです。

地位も名誉も年がくれば自分にまわってくるだけで、自分から得たものではないので、単なるあずかりものです。たとえ社長になっても、自分はこの会社をあずかり社員をあずかっておるんだという気持ちになれば、その会社はますます栄えていくでしょう。

自分のものだと思うので執着がおこってきます。因縁によって今日があり、因縁によって明日がくると思うと、淡々とまた流れる水の如くサラサラと歩んでいかなければなりません。金持ちだ、貧しいと、いろんなことを比較すると悩みが出てきますが、それらにとらわれないことです。出会いは因縁がなさしめておるのです。因縁を知ることはまさに仏法を知ることであり、仏法を知ることは因縁を知ることであり、この世の真理を知ることなのです。

「一切の諸法は因縁より生ず、その因縁を如来はときたまう」。『大般若経』に曰く「諸法皆是れ因縁生なり、因縁生の故に自性をなし」。この世の中は皆すべて因縁によって生まれてきておるのだ。因縁によって生まれてきたその因縁の故に自性をなし、自性というのは無性であって、自分の本性は本当はあってはならないのです。

これがややもするとエゴ、自我に結びついていくのですが、自我はとらなければなりません。自我をとると我がなくなるので無我です。この世は無常であるが故に無我でなければなりませんし、また空でなければならないのです。

この間ローマへ行った時のことです。ローマ市内を車で走っておりましたら、川のほとりに高い塀をめぐらした高い建物があったので、何かと聞きましたら、運転している人が説明してくれました。「あれはローマ市内にある唯一の刑務所なんですよ」「へェーこんな町の中に刑務所があるのですか」「はいそうです」。

実は以前バチカンに来られた何代目かの法王さまが、付き添いなしにお一人で歩いてその刑務所まで行かれたそうです。普通では考えられないことです。付き添いもおり、厳重にガードされているのが当然なのです。刑務所では法王さまが来られたと驚いた。中へ入られた法王さまはおっしゃいました。「私は最近このバチカンへやってきた。そうして法王として仕事をあずかっておる。今日は散歩がてらここへやって来た」。囚人たちにお会いされて「皆さん方心配しなくていいよ。あなた方はたまたま法律にふれてここへ入っておる。人間の作った法律にふれ、罪をおかしたとして、それをつぐなうためここにおられる。私は幸いにして法律にふれないからここにはおりませんけれども、しかし私はもっともっと大きな罪をおかしておるのだ」という意味のことを言われたそうです。それも因縁が悪く、因縁がなさしめたということでしょう。だからよき因縁、よき出会いをつくっていかなければなりません。

人生とは出会いなのです。これは人と人との出会いだけではありません。物に出会う、仕事に出会う、この大地に出会う、すべて出会いです。たまたま二十世紀の後半にお互い生まれてきたから出会ったのです。因縁がなさしめたのです。しかしそういうものを全部解き去ってしまうのです。

あと七十年、八十年すればここにいる人はみんないなくなっています。この長い人類の歴史の中で、この一瞬に生きておることが出来ていると思うと、ますます充実して生きなければならないと、思いをあらたにしなければなりません。

『般若心経』の世界には、我々の日常生活の生きる根幹となる教えがあるのですが、単に教えを聞くだけでは駄目です。いろんな触れ合い、いろんな経験、いろんな実践によって自らわかってこなければならないのです。

「空」は今まで説明しましたように、人生の最も大切な部分にあてはまるのですが、皆様方は仏教学者になられるのでも、教学を望んでもいられませんので、もう少しわかりやすくお話しいたします。

一休禅師は室町時代の優れた禅僧ですが、京都紫野の大徳寺におられました。今は田辺の一休寺が有名で、ここで亡くなられたのです。

この一休さんと山伏の問答があります。山伏は修験道の修行者のことで、大峰山や吉野の金峰山や出羽の羽黒山などが有名です。

山伏が一休さんに向かって「仏法はいずこにありや」、仏教の真髄はどのへんにあるのかと質問した。それに対し一休禅師は「胸三寸にあり」、胸三寸は心、人間の中心は心です。ところが山伏は「胸三寸」と一休さんがいわれたので、自分の懐から短刀を出してきて一休さんに迫った。「どうだ」ということです。「しからばその胸三寸のところをみせてみよ」というのです。そこで一休さん、困った顔もせず次の歌をよんで答を出されたというのです。

年毎に咲くや吉野の桜花
　木をわりてみよ花のありかを

先ほども満開の桜の花のことを少し話しましたが、四月になれば桜の木の下に集まり、花見をしたり夜桜見物、あるいはピクニックで郊外へ花を見に出かけたり、桜の花の観賞が盛んです。吉野といえば特に桜で有名です。毎年毎年忘れずに桜の木は花を咲かせる。全山一面見事な花ざかりになる。しかしその見事な花をよく見なさい。その花のついている木は必ず幹があり根がある。小さい木もあれば大きい木もある。吉野には何百年の風雪にたえた木もあるでしょう。

しかしそれらの木を割ってみなさい。あれだけ立派に花を咲かすものがどこにあるのか探してみなさい。もちろん根があり、水分、養分を吸いあげ、気温が暖かくなって、この世の四大元素ではありませんが、そのような要素があって咲いてくるのですが、どこに花を咲かせるものをもっておるのか。幹を割ってみてもどこにもない。古い桜の木なら中がいたんでおるかもわからない。水分が少しあるぐらいで、花を満開に咲かせるようなものがどこにあるのか。素晴しい答えです。

人生わずか七十年、八十年、それぞれ花を咲かせて実をならせて亡くなっていかなければならない。一人の人間がなせるこの世のわざは、どこにあれだけの力をもっておるのか。無常であるがゆえにファイトがある。無常であるがゆえに積極的になる。無常であるがゆえにエネルギッシュでたくましい生き方をしておる。それが一生の年月をつくりあげておる。

空というのは何もないというのではない。目には見えないけれど、美しい花を咲かせる力を幹の中に、根の中に、大気の中に持ちそなえておるのです。空はそのようなエネルギー、生命を持っておるのです。枯れてしまった木には花が咲きません。水を吸いあげることも出来なければ葉を繁らせることも出来ません。空とは命そのものです。命そのものが空の世界でなければなりません。

ある日の朝日新聞の「天声人語」の一節に、私の師匠の山田無文老師のことが書かれておりました。「宗教家山田無文は若い頃禅の修行中結核で倒れ医者からもみはなされた。故里《ふるさと》に帰り縁側に座っていると風があった。いい風だと思いながら考えた。風は空気が動いておこる。その空気が自分を守ってくれている。そうだ、自分は孤独ではない。大自然の大きな力にいだかれて生きているのだと思い急に涙がとまらなくなった。自分は生きているのではなく、生かされているのだということに気づくと元気が出てきた。人との出会い、本との出会い、自然との出会い、さまざまな出会いがあるが、出会いとは結局のところ他者を介して自分自身との出会いなのである。そして無文もまた禅の修行の下地があったからこそ、風との出会いでひらめくものがあったのだろう」と書いてありました。

無文老師のこの時の歌は

大いなるものにいだかれあることを
けさ吹く風の涼しさにしる

ただし歌は「天声人語」には出ておりません。ちょうど結核を病んで医者にみはなされ三河の家へ帰られて療養生活をしておられた。白い南天の花の咲く頃のある朝、すっと起きられて縁側に座られた。初夏の朝の涼しい風が吹いてきた。今までの長い闘病生活から開放されて、ふと風があったと気がつかれた。

今まで生きてきたが、そうではなかった。生きておるのは生かされておることだったのだ。この命も与えられておるのだ。生かされておる自分を風によってしらせた。風との出会い、すばらしい出会いをみつけられたのです。そして禅の修行をなしとげられて妙心寺の管長様にまでなられたのです。

充実して生きることを前提として、この世のすべてを明確に自覚することが空でなければなりません。そういう意味で「一切はこれ空なり」と淡々と水の流れるように自分の命をも天にまかせて生きていただきたいものです。

第五講　永遠に生きる

ここに来ておられる皆様方は、先ず健康であるから出向いてこられたのです。体のどこかが悪ければ気がなかなか向きません。家族の方がもし入院でもしておられたら、やはり来る気にはならないでしょう。恵まれた環境であるから、今ここにおれるのだということに先ず目を向けて、感謝出来る気持ちになるのが大切であろうと思います。

舎利子　是諸法空相　不生不滅　不垢不浄　不増不減

舎利子よ、この諸法は空相なり、不生にして不滅、不垢にして不浄、不増にして不減なり。

これも非常に難しい内容です。

四月下旬に京都の国際会議場で、トランスパーソナル国際会議というのがありました。ＮＨＫテレビでそれに関する記念講演をしていましたので、見られた方もあるかと思いますが、それは元宇宙飛行士のシュワィカーツさんと河合隼雄先生との対談でした。その後朝日新聞で大きくとりあげられていましたし、毎日、日本経済、読売各紙でもとりあげていました。トランスは越えること、個人の問題を越えていくのです。アメリカ、ヨーロッパ、アジアの各国から五百人近く集まられ、心理学者、物理学者、哲学者、宗教者等あらゆる分野の人が来ておられました。一流の方ばかりが日本へやってこられて第九回目の会議が開かれたのです。

私も案内状をいただいていたのですが、スケジュールの都合上返事を出さずにおりましたが、新聞が書きたてますし、NHKテレビがシュワイカーツさんをとりあげましたので、その日急遽予定を変更して国際会議場へまいりました。五百名の参加者のほとんどの人が東洋に関心を持つと共に禅にも関心を持たれており、僧衣姿の私を歓待してくれました。日本の禅界から参加したのは平田精耕老師と私の二人でした。

私も初めから一週間つめておればよかったと悔やんだのですが、どういう会かわからなかったものですから、いいかげんに考えておったのです。その日アポロ九号で月へ行かれた宇宙飛行士のシュワイカーツさんが講演されました。会議場で昼食をいただいておる時、私の横にシュワイカーツさんがおられ、数人の方とカレーライスを食べておられました。私は別のグループと共にその横に席をとっていて、そしてその後で話をする機会があったのですが、目の前で召しあがっているカレーライスが面白いのです。普通カレーライスといいますと、お皿にカレーのかかった御飯が盛ってあって横にスプーンがおいてあります。ところがスプーンがちゃんとおいてあるにもかかわらずシュワイカーツさんは日本人の使う割箸で食べておられるのです。その光景を見て、この人がアポロで宇宙へ飛んだ方かと一瞬驚きを感じました。

彼はもちろんアメリカに住んでおられますが、東洋に関心を持ち、東洋の生活にあこがれを持った生活を彼自身がしておったということです。時間があれば我が家で、あるいは庭先でゼン・メディテーション、禅の瞑想、坐禅をとり入れておったというのです。

このシュワイカーツさんがアポロ九号に乗りこみ、この大地である地球から離れて宇宙へ飛んでいったのです。地球からロケットに乗って宇宙へ飛んで、この地球を十日間まわり続けた。もちろん上下もなければ左右もない。中ブラリンで浮いている無重力状態になった世界を実感として味わった場合にどうなるかということです。逆立ちしても何ともないし、逆立ちした意識もないのです。彼は逆立ちして足を組みながらこの地球を眺め、そこでも坐禅という言葉を使ったそうです。NHKの放送でも、「ザゼン」と言っておりました。

他の宇宙飛行士は科学的な方面ばかりを追求していられたようです。宇宙を飛んでおる間にカメラが故障した。その時間はわずか五分間でしたが、何もすることがなくなった。地上との交信で電波を送ったりいろんな仕事があるのです。シュワイカーツさんは「私は宇宙で五分間失業しました」と言っておられました。そしてその五分間のうちに彼は自己の心をみることが出来たというのです。

「私は今、人類の代表としてここにおる」、その時地球を大切にしなければと痛感したとも言われるのです。「東、西、アメリカ、ソ連と分かれて反目するなんてとんでもないことだ」と気がつかれた。「一種の宗教体験ですか」との問いに「そういえば、そうなのでしょう」との答だったのです。

そう気づいたのは、地上のアメリカでの生活で、すでにゼン・メディテーションの実績があったからということになるのです。彼自身もそう語っております。そこに近代科学者、物理学者の生きる道があったのを知った。現在、アメリカ、ヨーロッパにはそれはないけれども、しかし今アメリカは少しずつこの十年、二十年の間に変わりつつある。それは東洋の考え方がアメリカに入ってきたからだと彼は言うのです。

東洋の心、『般若心経』の心といえば言いすぎかもわかりませんが、そういうものにふれて初めてなるほどと理解出来たということです。科学者、物理学者が今、東洋の心に向かって追求する。いきつくところは自分の問題です。一人一人がいかに生きていくか、そこにぶちあたらなければ生きてきたかいがないことになります。

「舎利子よ」と、皆様方一人一人に観音様が言葉をかけておられます。「この諸法は空相なり」。目を開けば見える。耳を傾ければ聞こえる。いろんな現象が実在しておるのですが、それらすべてが空の姿をしておるではないかと、ここでもまた空の言葉が出てきています。それはどういうことなのでしょう。

「生ぜず滅せず、けがれず浄からず、増えもしなければ減りもしない」、言葉通りいえばこのようになるのですが、しかしこれだけでは何のことかわかりません。「不生不滅」とはどういうことでしょう。この世において生じたものは必ず滅する。仏教では、これを無常といいます。人間の生活を見ても、生まれたものは必ず死ぬ。しかし、それにこだわっていてはいけません。生じたり滅したりというものを、ひとたびのり越える境涯が大切なのです。生滅の世界を知りつつ、高い境地で生きていくことが肝心なのです。

縁が集まれば生じ、縁が散れば滅するのです。縁があるから、今はこの時間に『般若心経』を聞くために皆様方はここへ集まってこられたのです。縁があるからこの会が生じた。話が終ればいつまでもおれないし、用がなくなったのだから散っていかなければならない。縁がなくなって散っていけば消えてしまいます。しかし来月になればまた集まってこられ、そして帰っていかれる。くり返しておるのです。

博多の仙厓さんは有名な一風変わった禅僧で、独特の絵をかいた人です。東京にある出光の立派な美術館には仙厓さんの書画がたくさん集められております。その仙厓さんにある人が「この世の中で本当にありがたい幸せなものは何でしょうか」と尋ねたら、それに答えられて「親死ぬ、子死ぬ、孫死ぬ」。それがうまくいけば幸せな家だといわれた。

なるほどそうかもわかりません。おじいさんあるいはおばあさんが亡くなり、その次に子供が大きくなって亡くなり、それから孫というように順番に亡くなっていけば、家としてはうまくいっておるというのです。それが逆に子供が先に亡くなったり、孫が先に亡くなったりすれば、その家は非常に不幸なのです。親として子供に先立たれるほど悲しく不幸なことはないのです。ですから順番にキチンとなっていけばよいのです。ここではもっともっと深い意味をもっておると思いますが。

今は人間社会のことだけをとりあげておりますけれども、この地球も同じです。それこそいつまでも続くと思っていても、続かないかもわかりませんし、また続かないようになったところから復活するかもわかりません。

先ほどのシュワイカーツさんの話ではありませんが、宇宙からみおろすと、この地球そのものが一つの生命体であると思える。これを専門家の間ではガイヤーといっています。最近作られた言葉です。

生まれたものは必ず滅するというけれども、地球も滅する時がくるであろうが、それが今人間の欲望のために早められておるといわれています。地球破滅だけでなく地球の砂漠化も人間のために早められておるといわれておるのです。

そうなると、不生不滅などとのん気なことを言っておられない。地球がなくなってしまえば、人間もなくなってしまうのです。地球がなくなってしまうというよりも、地球に人間を養っていく資源がなくなってしまえば、人類は自ずから滅びるより仕方がないのです。

かつてはテラノザウルスなどの恐竜の全盛時代もありましたが、いろんな条件があわなくなったために恐竜が住むことが出来なくなり、その後同じような変遷をくり返しマンモスはじめ現存する動物の先祖たちが出現したのです。環境が変化すればそれに適合するよう進化して現在ある動植物が出現し、そして人間があるのですから、動植物の中で最高の叡智を所有している人間が、ガイヤーといわれる地球を守っていかなければなりません。それもいつまでもいつまでも守っていかなければならない責任があるのです。

この肉体の持ち主である我々も限られた命であるが、それでも限られた年月をもっと延ばして長生きしたいのが人間の本心であり、「これで終り」「はいそうですか」と、なかなかすんなりいけるものではない。いつまでも永遠に生き続けたいと願うのが人間の心です。

久松真一先生は、哲学の西田幾多郎博士のお弟子さまで、京都大学の教授を長年しておられた方で、花園大学へもこられ、私は花園大学在学中も卒業後もずっと教えていただいた先生であります。この方は非常に純粋でとても心のきれいな、しかもお茶の世界で第一人者とまでいわれた方でした。裏千家のお茶人でも、先生の足元にも近よれないと言われるほどご立派でした。

先生は生涯独身で、晩年は岐阜の長良川の近くに甥ごさんの家族とご一緒に住んでおられました。その甥ごさん達に「私は死にませんよ」と言われる。そして「だから心配せんでもよろしい」と。不滅であることを言われるのです。それは自分の心が無から出発しておる、空から出発しておるので何もないのだから、何もないものが滅するはずがないということなのです。そこまで言える人は少ないのです。

仏教は何もないところから出発しておる。何もない、無心であり、空の心だから、生じるものもなければ滅するものもないというのが、久松先生の持論であります。だから死にません、永遠に生き続けております。まさに「永遠に生きる」という本講のタイトルがそこにあるのです。

久松先生は亡くなられる時に歌を五つ作っていられます。

形なき自己に覚《めざ》めて不死で死し

不生で生まれ三界を遊戯

不生不滅をうたわれております。

今更に死すとや誰か言ふやらむ

もと不生なる我と知らずや

こういう歌も残しておられます。不生不滅の当体をまさに生き続けていらっしゃいます。

大死せば来るにや及ぶ今そこで

そのまま真の臨終あはなむ

こうなると臨終なんかはもう飛びこしていられます。ここまで徹底しておれば大したものです。

我死すも引導追薦葬無用

むくろは茶毘て骨なひろひそ

自分が死んでも、お坊さんに引導をわたしてもらわなくてもよい。お花やいろんなものを供えてもらわなくてもよい。お葬式は無用である。自分の遺体は火葬しても骨は拾ってもらわなくてもよいといわれておるのです。

そして家族の方も遺言を守られて実際にその通りにされたのです。たくさんの方が集まられましたが、世間一般の葬式はいたしませんでした。たくさんのお坊さんも来られましたが導師もなく、『般若心経』もよまれませんでした。遺体も火葬場で焼かれっぱなしで、骨を拾いに行かれませんでした。私は永遠に生き続けておりますと言い続けられていた。だが普通の者が同じことをやれば偽ものです。久松真一先生がなさるから、なるほどとわかるのです。

金がないからお葬式を止めよう、お坊さんに出すお布施があれば孫にでも何か買ってあげようということがあるかもしれません。または派出な葬儀をしてもらわなくても、死んでしまえば何もわからないとか、おしまいだからということもあるかもわかりませんが、そういう意味ではありません。茶毘とは火葬にすることです。

我が墓碑は碧落に建て碑銘をば
　ＦＡＳと深くきざまん

碧落は青空なる大宇宙です。ＦＡＳは久松先生の主張される世界で、Ｆはフォームレス、無相の自己、形のない自己。Ａはオールマンカインド、全人類の立場にたって、Ｓはスーパーヒストリカルヒストリー、歴史を越えた歴史です。スーパーは越えるです。この現実の世界を越えなければならないのです。自分の墓は大宇宙にたてよ、そしてその墓にＦＡＳときざめよというのです。

「不垢不浄」は垢つかず浄からず。垢がつかなければ清浄であり、垢がつけば浄からず、不浄であることです。

人間が持つ煩悩を断ちきる修行によって、心のけがれを断じ、きれいな心に向かわなければならないのが本来なのです。人間はきれいな立派なものをもってはいるのだが、迷わされて垢がいっぱいついておる。体にもついておるが、心の中にも垢がついておるのです。

人間は本当に汚ないと思う時があります。皆様方きれいにして歩いておられるつもりでしょうが、汚ないものをいっぱいつめこんでおられるのです。

きれいなレストランでは、まわりの雰囲気はよいし、おいしそうな料理のにおい、食器類も豪華ですし、食べたいなという気がおこります。中へ入って料理をいただく。いただいた料理は体内へ入ります。ところが何時間かすれば、口からいただいた料理は体内を通過しているうちに不浄になって排泄されていく。だから便所をご不浄といいます。

我々は毎日不垢不浄をやっているがそれに気がつかずに、ああだ、こうだと言っています。それに気がつけば淡々と生きることができます。口から入ったものがそのまま出てくれれば消化していないからで、体を養っていくことは出来ません。もちろんここではそんなことだけを言っているのではないので、精神面を含めているのです。

インドでは牛を飼うというより、ほったらかしておりますので、牛は町の中をゾロゾロ歩いています。ヒンズー教徒は牛を大事にしていますので、牛には危害を加えません。町中の大通りには店屋がありますがその前をゆったりと歩き、時には八百屋へいって野菜を食べている牛もおります。しかしその店の人は知らん顔をしております。聖なる牛ですから。通りには牛のフンがあちこちにあります。ところがそのフンも大事なものなのです。フンを平たくして壁にくっつけて乾燥して燃料として使っております。まさに不垢不浄の世界であります。我々は汚ないと思いますが、あの人たちにとっては大切な生活必需品なのです。

「不増不減」、増えもせず減りもせず。ふえもしなければへりもしない。池の中へ石をほりこむと、水深は上がってきますが、水そのものはふえていません。

皆さんもよくご存知の良寛さんは禅僧で、新潟の五合庵に居住しておられました。五合の米があれば一日無事に生きていかれる、それ以上求めてはいけないというので五合庵と名づけられたということです。

この良寛さんは風流な生活をしていられます。それは自然の中で自然と共に生き、子供と一緒に遊んだりの日暮しをしておられました。子供と遊んでいられたぐらいですから、金儲けが出来るわけはない。お金がないのは当然です。ご飯を炊くのも風呂をわかすにも落ち葉とか枯れ枝、薪を燃やしておられた。

たくほどに風がもてくる落ち葉かな

いい句ですね、明日使う薪がなくなったと思っていたら、庵のまわりに木の葉が落ち、それをはき集めたら欲しいだけの分があったというのですが、誰でもそんな生活をしてみたいと望みますが、現在ではなかなか出来ません。

しかしある一面、現代人にはそういうことも必要ではないでしょうか。何ごともほどほどが大切です。お金も品物もためすぎると病気をします。ほかへ使ったらいいのです。自分の適量にきちっとおさめるべきなのです。良寛さんは、その日その日を生きられた方です。何ものにもとらわれずに、無心なあるがままの生活を送られたのです。

この「不生不滅、不垢不浄、不増不減」の言葉を、鏡にたとえて説明した人がいます。皆様方はハンドバッグに小さい鏡をもっていらっしゃると思いますが、いくら小さくてもどんなものでも映せます。ビルディングも鏡の中へ入ってしまいますし、この部屋の人々すべても小さい鏡の中に全部映すことができます。しかし角度を変えると消えてしまい、鏡の中には何も残っていません。

映すことによって鏡の中に被写体が生じたのです。大きな物に鏡を向ければ大きなものが映りますし、小さいものに向ければ小さく映ります。しかし鏡が大きくなったのでもなければ小さくなったのでもありません。純粋だから大きさに関係なく、鏡の前にあるものを映すのです。力士のように肥った人を映せば肥ってみえますし、ほっそりした人を映せば細くみえますが、鏡の中は増えもしなければ減りもしません。そのように説明しておられます。心は鏡と同じように生ぜず滅せず、浄からずけがれず、増えもせず減りもしないのです。

竜樹菩薩の『中論』に八不というのがありますが、これは『般若心経』の今言ったところをうたっております。「不生亦不滅、不断亦不常、不一亦不異、不去亦不来、能《よ》く是の因縁を説きて善く諸諸の戯論を滅す。我稽首して仏を礼す、諸説中の第一なり」。生ぜず、滅せず、断ぜず、常ならず、一にあらず、異ならず、去らず、来たらずで八不なのです。

晴れてよしくもりてもよし不二の山
　元の姿はかわらざりけり

山岡鉄舟の歌ですが、この歌もすばらしいです。富士山は遠くから見ると姿の美しい山です。私は東京へ出かける時は出来るだけ車輛の左側に席をとるようにします。それは富士山にあうためです。富士山の近くになりますといつも窓からずっと見ておるのですが、曇った日にははっきり見えませんが、雲の合い間に富士山の姿がみえる時があります。青空をバックにした堂々とした富士山の姿もよいものですが、流れる雲の合い間に見えかくれする富士山もよい。また全く見えないこともありますが、しかし富士山は厳然として何千年いや何万年とそこにあって、元の姿は変わっていない。ただこちらからは変わったように見えるだけです。

人間の心もそうです。自分の心次第で周囲が変わっていくことがあります。人間は本当に勝手なもので、機嫌のいい時には何もかも良くみえて、挨拶でもぱっと出ますが、こちらの機嫌が悪ければものを言うのもいやになります。心の表面だけが波うって変化しているのです。

次に道元の歌です。

水鳥のゆくもかえるもあとたえて
　されども道は忘れざりけり

水鳥が行ったりきたりしている光景は非常に美しく、そして心なごむものです。じっと見ておるとそこへ水鳥が泳いでくる。そのあとに波の線がついている。しばらくすると全部消えてしまい水面は静かになってしまう。水鳥の通りすぎたあとは消えてしまいわからなくなってしまう。通ったあとはなくなっているけれども、元どおりに帰っていくことも出来る。本来は道もなければ波もない。そこを行ったり来たりしておるのです。

私は神戸の祥福寺という僧堂で修行させていただいたのですが、当時山田無文老師が師家としておられました。僧堂の起床は四時です。四時になりますとチリンチリンと鈴を振りながら係の雲水が走ってきます。それを聞きながら、一緒に禅堂内で寝ている雲水の一番偉い人がチーンと鈴を鳴らしますと、全員一斉にパッと起きるようになっております。眠くても起きなければなりませんし、反対に目覚めていても寝ておらなければならないのです。僧堂の生活はすべてに厳しく大変なのです。朝四時に起きてすぐ朝課があって、朝食は五時頃粥とたくあんだけです。

朝六時頃から少し暇になり、七時から提唱といって老師の話があります。提唱のない日はその時間余裕が出来、ゆっくりと坐睡することが出来ます。夜はあまり眠ることが出来ませんので、少しでも暇があれば坐睡をします。

本堂の裏山に五重の塔があり、そこまで行くと神戸の港や出ていく船、入ってくる船も見えます。夜景の方がきれいですが、下の方を見ますと町へ下りたくなりますので、夜に行かないで、私は朝上って行って塔でお経をよみました。『楞厳呪《りょうごんしゅ》』という長いお経をそこで一人で声を出してよみながら覚えました。坐睡する暇が出来ますと毎朝のように一人で上りました。東の空から少しずつ明るくなる頃に、決まって裏山から鳥が群をなして港の方へ餌を求めてか飛んでいくのです。それが必ず時刻が定まっているのです。習性として決まっているのでしょうね。雲一つない空の時、あるいは雲のすき間からさす朝日が刻一刻と変化してすばらしく美しいのです。鳥と朝日の美しさが好きで、それにつられて毎朝眠いのをこらえて裏山へ上ったものです。

朝飛んでいった鳥の群は夕方になると帰ってくるのです。道はないはずですのに同じルートを守って帰ってきます。水鳥だけではありません。つばめも同じ場所へ戻ってきます。鳩もそうです。どこにも道はないけれども、自ら道をつくっていく、そこには何の跡形も残さないのです。飛ぶ鳥はあとを濁さずともいいますが、鳥はあとを残しません。

人間はあれをやった、これをしてやったと功績を残したがるものですが、もっと無心になるべきです。その無心な状態というのが、ここでいう「不生不滅、不垢不浄、不増不減」につながっていかなければ、これは理解出来ません。

大燈国師の歌に

水の中たずねてみれば波はなし
　されども波は水よりぞたつ

水の上に風が吹けば波がたつ。その波をみておればこの歌の情景がよくわかります。風が吹けば水の中から波がたつ。しかし風がやむと波はなくなり、水面は静かになる。人間も無心であれば怒りはおこらない。愚痴も出てこない。しかしちょっとでも荒だたしい心になりますと、愚痴が出てくる、小言も言いたくなる、相手を批判したくなると、いろんなことがおこってきます。

本当は心の中には何もないのですが、くしゃくしゃしてしまう。どうしようもないものを人間はもって生まれてきているのです。本来は何もないのです。そういうものに一切とらわれる必要がないことを知るのが大切なのです。

ところがそれを知らないで自分の怒りがそのまま正しいと思って執着しておるものですから、いつまでもその執着から逃げられないのです。それは網にひっかかったようなものです。それはつまらんものであり、そんなものはないのだとはっきり自覚するまで修行すれば悩みはなくなるのです。そこまで至らないために、皆悩んでしまうのです。

皆様方の肉体は永遠に続くことは不可能です。十代二十代の若い頃の美貌はそのまま続きません。体の細胞は刻々と変化しています。刻々ときれいな顔にしわを作っているのです。しかしそのしわをのばす人がいますが、それは余計なことです。そのままの地でいけばよいのです。肉体だけでなく心も刻々と移り変わっていきますが、それにとらわれなくてよいのです。

とらわれすぎると人間の生活を駄目にする場合があります。セルフコントロールの出来ない現代人が多くなっております。迷いのまっ只中、欲望のまっ只中におりっぱなしですとどうにもならない。しかしそこが一番楽しいというのが現代人であり、現代の社会であります。

これに何とかしてブレーキをかけて堅実な生き方をしようとする人が、一人でも二人でも多く増えていかねばなりません。その人達が先ず家族を変え、周囲を、そして社会を変えていってほしいものです。皆様方の心一つで家族は変わられます。皆様方が遊び呆けておられれば家族はそれ以上にならられるでしょう。しっかりひきしめれば子供も家族もついてきます。それがなければ日本の本当の良さがどこかへとんでいってしまいます。

がんばれがんばれと言うのは日本人で、アメリカ人やヨーロッパ人は日本人のようにはあまり言わないようです。日本の特に僧堂では朝から晩まで、がんばれ、しっかりやれというものですから、外人が日本の僧堂に入るとへとへとになるそうです。しかしそのへとへとになる教育をうけたからこそ今の自分があるという人が、外国にもいらっしゃいます。そういう教育に耐えたからこそ今の自分があり、それは東洋のよさ、精神だったというのです。

永遠なる命とは長く続くことではない。その瞬間に正しく生きることでなければならない。心は滅びないという気持ちを常にもって生きていくところに、自分の人格の完成があり得るのです。虚無に終ってはいけない。虚無主義をつきとばして生きるのです。人間に与えられたのは、希望をもって生きるということです。

私はいつも危機感の中で生きております。健康で幸せに生きておるという事実を把握するならば、嬉しくて天下を闊歩できます。誰にも遠慮することはありません。大宇宙を相手にして心を大きくもって皆さんも生きて下さい。

この地球を大切にしなければならないという気持ちが最近強いのです。そんなことを考え出したら争いは出来ません。渡り鳥はソ連からでも日本へやってきます。日本からもソ連へ渡っているかもわかりません。人間が造った国境を無断で越境すれば撃たれますが、鳥は国境をもちません。それは大宇宙をあるいはこの地球上を一つと考え、無心に生きておるからです。人間だけがなかなか無心になれないのですが、無心に生きたいという願いが人間にはあります。

永遠に生きるのだという心がまえで生きて下さい。そして人間として立派になれるよう努力して下さい。富や地位、名誉を得るだけが決して立派ではないのです。人間らしくということです。そして死ぬ時がくれば、ちゃんと迎えられるだけの心をそなえるのです。そこで迷う必要はないのです。『般若心経』の教えはまさにそこに至りつく中心的な教えであります。

第六講　すばらしい人間の感覚

背筋をのばしますと自然にお腹《なか》が充実したような気持ちになります。背筋の中心は腰で、肉月に要《かなめ》と書くように、この肉体の中心が腰なのです。私の持っていますこの扇子の要は止めてありますが、これが人間にとっては腰にあたります。この要がくずれますと、扇子はバラバラになって用をなしません。この要だけで扇子の働きがあります。人間も腰が悪くなると駄目で、足まで悪くなります。

我々禅僧は坐禅を専門にします。普通は呼吸を胸でとめますが、下っ腹まで息がいくようにします。腰の前を気海丹田《きかいたんでん》といいますが、ヘソ下三寸のところです。そこまで静かに息をはいていきますと下腹が充実してきます。そんな呼吸をしていますと気持ちがすっとしてカラッポになるので、いろんなものが入ってきます。ところがつまっておりますと、入れようとしても拒否反応をおこして入ってきません。頭もそうです。何もかもカラッポにすれば、次から次へといろんなものが入ってきます。この呼吸法を体得していただきたいものです。

是故空中無色　無受想行識　無眼耳鼻舌身意　無色声香味触法

無眼界乃至無意識界

かくの故に空の中には色も無く、受想行識も無く、眼《げん》耳《に》鼻《び》舌《ぜっ》身《しん》意《に》も無く、色《しき》声《しょう》香《こう》味《み》触《そく》法《ほう》も無く、眼界もなく乃至意識界も無し。

『般若心経』には難しい漢字が出て、同じようなことが何回も出てきますが、またここでも出てきたということになります。

前にも述べましたが、「眼耳鼻舌身意」には根っこがあります。木でも地上にある葉幹だけではない、大地に根をはっておる。根元がある。毎日の日常生活の些細なことにも根元があります。眼根、耳根、鼻根、舌根、身根、意根を合わせて六根といいます。富士山とか御岳山などの山へ行かれたら「懺悔懺悔六根清浄」と唱えますが、それがこの六根です。

目で見ることが出来、耳では聞けるし、鼻ではにおいをかげる。舌ではしゃべることも味わうことも出来る。体では触れて感ずることが出来る。心ではいろんな思いが出来る。それらが清浄でなければならない。濁っておってはいけないのです。山へ上って修行する場合にこれを唱えるのは、悪いことをした、申しわけないという心で懺悔してきれいな心になるためです。

子供が悪いことをした時、「お母さん間違ってこんなことをしてしまった、ゆるして」とあやまれば、母親は子供を叱ることが出来ないのは、子供の懺悔する心にうたれるからです。懺悔出来るのはすばらしい人間なのです。最近は悪いことをしても懺悔をしません。懺悔の心がなければ清浄になるはずがありません。

人間には誰でも善悪を判断出来る力があるはずなのに、悪いことを懺悔出来ないのは、気づくことに出会う教育を受けていなかったということもあるでしょうし、懺悔する家庭に生まれなかったということもあるかもしれませんが、それぞれ根元があるのです。この六根が清浄でなければ円満な人格の人とはいえません。

眼根には色境、耳根には声境、鼻根には香境、舌根には味境、身根には触境、意根には法境なのですが、これだけではわからないと思います。

眼があるから色を見分けることも出来れば、物質を区別することも出来る。大きい小さい、長い短かいの形状を判断することも出来る。色境です。耳があるので音が聞こえる。話声も聞こえます。声境です。耳の働きがなければ音は聞こえません。そうすると声境がにぶってきます。

鼻根には香りにおいがある。草木でも種類によりにおいが違う。香境です。舌では味わう。野菜果物すべて味が一つずつ違います。ナスにはナスの味、トマトはトマトの味というように、皆それぞれ味をもっておるのが当然なのです。舌は辛いすっぱい、にがい甘い、おいしいまずいという判断が出来ます。味境です。

身根、正しい感覚をもって健康であるならば、体そのものはピチピチしておる。手でものを作ることが出来れば、ものに触れることにより、熱い冷たいもわかるが、これは正しい感覚でなければわかりません。神経がマヒした場合、熱い冷たいがわからないので危ないです。それは正しい触境ではない。人間の感覚はものに触れることによって正しく判断することも出来ます。

意根は心、精神です。精神は法境ですが、ここでいう法は正しい真理のことです。あやまった感覚で、あやまった思いで、あやまった意識をしておるようではいけません。法という場合は正しいという意味で使っておるわけです。この世の真理、いわゆる正しいものをいう場合に法境なのです。

色声香味触法を六境といいますが、この六根と六境を合わせて十二処と仏教ではよんでおります。

六識は眼耳鼻舌身意の六根と同じですが、眼識界は目で見て判断して心におさめたもの。識界は見るだけでなく、一度心にもってきてそこから判断していくのです。眼だけでなく耳は聞いた音を、鼻はかいだにおいを、舌は味わった味をというように、体も意識も心にもってきて判断します。微妙な変化をここにあげて十二処と六識を合わせて十八界となります。この世のあらゆるもの、すべてとみればいいでしょう。

人間の感覚はこれだけの世界をもっておるのですが、その上にまだ色受想行識があります。これは前にも少し話しましたが、五蘊があります。簡単に言いますと色は目に見える物質、受は五感の感覚器管、想は思い表象作用、識は心の活動状態といえるでしょう。

人間の意識に夢中意識といって、五感の働きは休んでおるけれども意識だけ働いておるというのがあります。眠っておる時には目はもちろん休んでいますし、強いにおいなら気がつくかもしれませんが、鼻も休んでいて弱いにおいには気がつきません。熟睡中は少々音がしてもわかりません。小さい音でもすぐにわかる時は眠っていない証拠です。ぐっすり寝入っている時は感覚が休んでおりますが、意識は働いているので夢をみます。これが夢中意識です。

次に独散意識といいまして、経験から想像して表面に現われる意識です。皆様方、お考えになればわかりますが、昨日はああいうことをしたがその時はこんなだったというように、記憶が浮かびあがってきます。十代の頃の出来ごと、故里にいた頃の友達やまわりの風景などを思い出すことが出来ます。過去の経験の積み重ねで今があります。

三番目に定中意識があります。我々は坐禅をして三昧になります。わずかな時間でも静かに坐りますと心が純粋になり、じっとしておる中で我もなければ自然もない、隣に坐っている人も気にならなくなります。部屋も何もかも意識しなくなります。禅定から出てくる意識が大切です。純粋になって何もかもなくなり、自我も殺しきって全く清浄な状態になった時に出てくる意識が定中意識であります。心理学的にみますと意識をこのように三つに分けて考えることが出来るのです。

少し前の朝日新聞の「人」欄に心の神経を見つけられた京都府立医科大学の学長である佐野豊さんのことが載っておりました。脳の中に眼耳鼻舌身の感覚があるのはわかっておりました。ところが脳の中を顕微鏡で見ておられて、心の神経を発見された時は驚かれたそうです。これは世界で初めてだそうです。

人間の意識界はまだまだ不可解な部分がたくさんあり、いずれ解明されていくだろうといわれております。

人間の日常生活をかえりみますと、五感によって営まれております。生活とは感覚です。初夏の季節では「目に青葉山ほととぎす初かつお」の句がよく知られております。目に青葉は、見れば青葉がわかる。目の感覚によって若葉の青いのがわかり、初夏を感じます。耳ではほととぎすの声を聞くことが出来る、初かつおは舌の感覚によっておいしいとわかる味です。

この句には五感のうちの三つがよまれております。それと同時にああ初夏だな、いいなあと心で思うことが出来る。意です。それに青葉にはにおいがあり、いいにおいだなとわかる鼻根、かつおがピチピチはねて活き活きしているのは触れてみればわかる。触根です。そうすると六根あるいは六境全部を句によみこんでいるのです。日常生活の中にそのような感覚をもちこんでおります。私は特に日本人はと言いたいのですが、それは自然を大切にしておるからです。

最近北極へ行き北極点に近づきながら途中で引き返してきた女優さんがいますが、「ここで満足した」、命が大切だからということです。北極点まで行きたかったでしょうが、危険だからとストップをかけたのです。山登りにしても、山や天候の厳しさに従って、人間の限界を知って引き下がるのは心があるからです。山を征服出来ないとわかるのは、感覚判断が正常に動いておるからで、最後は意識で判断して止めておこうと決断するのです。それが出来なければ前進を続けて行きっ放しになりかねません。

日本の料理は非常にきれいで日本へ来た外人も「日本の料理はとてもきれいだ」と言うそうです。目でみてきれいに感じるように作り、盛りつけるからです。西洋のボリュームがあって栄養が豊富であればよいという感覚に対し、日本人は繊細なためかもしれません。

目で見てきれい、では鼻についてはどうでしょう。おいしそうな食欲をそそるようなにおいの料理が望ましいです。松茸の香りはすばらしいです。高価になっても食べるのは、味よりもその香りを賞味するのでしょう。

身根、触れる、手でさわってもいいものでなければなりません。皆様方八百屋へいけば味は変わらなくても曲がったキュウリは買わずに姿のいいのを選んでいます。南瓜は持ってみて熟しているかどうか調べますし、西瓜でも手でコンコンとたたいて音を聞き、手でさわって買います。毎日の生活では五感を自覚しないで使っております。そして最後に、思い、精神でコントロールするのです。

しかし感覚にとらわれて執着するとどうにもなりません。おいしいものを味わって、そればかりに執着するととんでもないことになる。体をこわしてしまいます。味はおいしくなくても野菜もとって、栄養のバランスも考えなければなりません。感覚を大切にしなければなりませんが、その感覚を越えた感覚のない世界があるのに気がつかなければなりません。次は一休さんの話です。

一休さんと、小僧さんが一休さんの三尺後から歩いている光景を頭に描いて下さい。どこかへお参りにでも行かれるのでしょうか。いろんな店屋のある所を歩いていました。ちょうどうなぎ屋の前にさしかかりました。一休さんは思わず小僧さんにわかるようなわからないような声で「いいにおいだな」と言われながら通り過ぎられました。しばらく行ってから小僧が「和尚さん、先ほど和尚さんともあろう方がうなぎ屋の前で、いいにおいだなとおっしゃるなんてとんでもないです」。お坊さんがそんないやしいことを言ったらいけないのではないですかと言わんばかりに、一休さんに声をかけました。一休さん、後をふいとふり向いて「お前はまだうなぎを食うていないのか」とおっしゃった。

その意味がわかりますか？　わしはうなぎ屋の前でうまそうだなとにおいをかいだ、その時にうなぎのことはスカッと忘れてしまった。それなのにお前はまだうなぎのことが頭にあって捨てきれていないのかと言われたのです。人間はそのように執着があるのです。あのうまそうなうなぎを一度食べたいなと思うのは小僧の心です。その場その場できりかえていく心、スカッとしておるのは、なかなか出来るものではありません。

あそこで見た着物はきれいだったが、何とかあれより上等の着物を欲しいと思い続けやっと買えた、というのならいいのですが、買えないとムシャクシャします。スカッとその場その場で切り捨てていく心が必要なのです。これは出来るようで出来ないものです。何故こんなに執着するのかと不思議なほど、人間は執着心が強いのです。

ここで一番問題なのが心です。五感まではわかるのですが、その感覚の経験により心が生じてきます。

良いことをする心があるので、良いことが出来たのであって、悪い心が生じれば悪いことをしてしまいます。ところが良い心が生じても良いことを出来ないとか、悪い心が生じてもその悪いことをしない部分があります。これは五感の感覚の経験からそれをさせていくのです。だからこの五感は重要な部分をしめているのです。

臨済宗の開祖といわれる臨済禅師の作られた『臨済録』の中に五感の働きをうまく言いあらわしてある部分がありますので、紹介しておきます。

「道流《どうる》心法無形、十方に通貫す。眼に在っては見ると曰い、耳に在っては聞くと曰い、鼻に在っては香を嗅《か》ぎ、口に在っては談論し、手に在っては執捉《しっそく》し、足に在っては運奔《うんぽん》す。本是れ一精明《しょうみょう》、分れて六和合《りくわごう》となる。一心既に無なれば、随処に解脱《げだつ》す」。つまり、見たり聞いたりにおいをかいだり、しゃべったり自由に出来るし、手でつかんだりさわったりも出来る。好きな所へ歩いても行ける。六和合というのは六根六境です。心がスカッとしておれば、どこへ行っても解放的に自由である。しかも真実の生き方である。自我を捨て去って純粋な心でスカッとなっておる心境であるならば、どこへ行ってもゆうゆうと主人公として生きていける。

これは五感、六感の働きをうまく言い表わしております。しかしその境地に至るには大変な苦労と修行と実践の裏づけがなければなりません。初めの方に出ました道流は修行者です。「修行者よ、心は形が無くてしかも十方世界を貫いているのだよ」と、修行者への教え言葉なのです。

心の真理は形がなく空なのです。その何もない空の心が、自由に活発な働きをするのです。四方八方すべてに自由自在に、しかも何事も達成できるのです。

臨済禅を最初に日本に伝えられた栄西禅師は京都の建仁寺の開山です。皆様方が習われた教科書ではそうなっておりますが、実際は大応国師が臨済禅を日本に伝えられた最初の方であります。

栄西禅師が『興禅護国論』を書いておられますが、その中に心をうたった歌があります。

大いなる哉心や、天の高きは極むべからず、而るに心は天の上に出ず。地の厚きは測るべからず、而るに心は地の下に出ず。日月の光は踰《こ》ゆべからず、而るに心は日月光明の表に出ず。大千沙界《だいせんしゃかい》は窮むべからず、而るに心は大千沙界の外に出ず。それ太虚《たいきょ》かそれ元気か、心は即ち太虚を包んで元気を孕《はら》む者なり。天地は我を待って覆載し、日月は我を待って運行し、四時は我を待って変化し、万物は我を待って発生す。大いなる哉心や。

天は高い、ロケットで飛んでいってもまだまだ無限の高さである。しかし心はロケットが飛ぶよりももっと高く、最も高い三千世界まで飛ぶことが出来る。堀り下げても堀りつくせない地よりも心はもっと深く深く思うことができる。月ぐらいの旅行で満足していては小さいので、心は自由で広大であり、大千世界に思いをはせて心の中では楽しい旅行が出来ます。

毎日太陽は上ってくる、晩になれば月星も出てくる、人間の心はその太陽、月をも越えるほど大きく広いのです。

毎日毎日、二十四時間たてば必ず太陽は東の方から我をまって上ってくる。何時間かすれば太陽は西の方へ沈んでいく。自分がここにじっとしていても、地球が宇宙がちゃんと操作してくれる。主人公はここにおるのです。そう思うと朝日をみれば、遅れずに出てきたか、太陽ありがとうと言わなければなりません。それぐらい心に余裕をもって生きていきたいものです。「今日はうちの主人、帰りが遅いわ」と怒ってはいけません。いつも定刻に帰ってくるのに今日は遅いが、私はここにいつもの通りおるのに、旦那さんも大変だなと心に余裕をもって下さい。

四時は春夏秋冬のことです。四時即ち春夏秋冬は我を待って変化するのですからいいですね。日本は四季がはっきりしておりますから、風景の変化、気候の変化とすばらしい。ただ季節毎に着物を変えなければならないので大変だろうと思いますが、変わるからこそいいのかもわかりません。私は季節が変わっても同じような物ばかり身につけておりますが。

万物すべてのものは我を待って発生しているんだと思うと、天下を堂々と歩いていけます。一人一人に責任があるのです。皆がやってくれるので、私はついて行けばよいと思っていてはいけないのです。皆がしてくれないから自分がやらなければならないのだと、意識を変化させていただきたいものです。

皆がやってくれないで文句を言われた場合、腹が立つものですが、その人達は私より遅れているんだ、私より気がつかないのだと考えれば腹を立てることもありません。しかしなかなか腹を立てないようには出来にくいものです。

あの人はなぜ人を腹立たしくさせるようなことを言ったりしたりするのだろうと、よく考えてみて下さい。心の成長が未熟だからなのです。だからそういう意味においては、かわいそうな人だと慈悲心をもっていけば、変わった立場で相手に接することが出来るのですが、なかなか理想通りに出来ないのが日常生活です。私もこのように言ってはおりますが、そうはうまくいきません。誰かがやるのを待つよりも、自分からすすんで何事もやれる人間になりたいものです。

お寺の集会は昔からよくあったものですが、「お金をもってこい」「あそこを直すから寄付せよ」とかの話が多いので、村の寺では集会を開いても檀家の欠席が多いものです。もらえる話ではなく出すばかりの話ですから、行くのをやめとこかということになるのです。だから私はなるべく集会をやらないようにしております。

たとえばの話です。田舎の寺の集まりに誰が言い出したのか、皆がそれぞれ一合ずつ酒でも持っていこうかと話がまとまったが、一合では少なすぎるので一升ずつ持っていくことにきめた。五十人おった中の一人が「皆が一升ずつ持っていくのだったら、私一人ぐらい中味を変えてもわからないだろう」と酒と水を入れかえた。酒びんは色がついているし、レッテルをはっているので中味が水とは誰も思うまいと考えた。しかし五十人の中で誰か一人酒のかわりに水を入れたらしいが、はっきりと入れた人はわからないなと、入れかえた本人以外は思った。次の会合には、わからないのだったら俺もやってやろうと、三人ほどが水を入れて持ってきた。会合が重なるにしたがい五本、十本と水入りの酒びんが増えて、ついにはほとんどが水になってしまったというのです。

自分一人ぐらいいいだろうというのが広がって、結局だめになってしまったのです。世の中も同じです。誰もやっていないのに俺一人やっても何の役にもたたないと考えるのが大半の人間であります。ところが誰もやってくれないから自分がやらなければならないと決意して、それを成しとげるには相当な努力と時間を要します。何にもならないことをバカになりきってやらなければなりません。後で振りかえって、我ながら何であんなことをやってこれたのだろうと驚くほど長い間かかります。

そのことを本当に理解される時期がくるには、十年二十年とかかり、自分でもバカな道、つまらない道を歩んだものだと思うこともあります。認められる世界は長い時間がいるのです。その長い時間を耐えてがまんして生きていくところに、人間の味わいが出てくるのです。

若以色見我　以音声求我
是人行邪道　不能見如来

これは『金剛経』の中に出てくる言葉です。「若し色を以て我を見」は物質の世界でもって我をみていくならば。「音声を以て我を求むるならば」は、音の世界、声の世界ですから耳根声境にとらわれてそれだけで自分の真実の心を求めるならば。「是の人は邪道を行く」ですから、よこしまな道を歩むのです。「如来を見る能わず」は、真実の世界を見ることができない。

これはまさに五感の感覚を見事にうたいあげています。感覚は大切でありますが、それを自我によって使っていくならば邪道に堕ちていく。動物的な欲望にのみ走ってしまうと、人間としての真実の姿が出てきません。そういうものは邪道といわれ、真実の世界をみることはできません。

人間はすばらしい感覚を持つと同時に、すばらしくない感覚も持ち合わせながら毎日を生きております。生まれた時から目の不自由な方は暗さを知らない。それは明るさを知らないからで、目の形を持ちながら目の働きがない。目一つみてもそうです。正しい目の働きをしておるかどうか考えてみるべきです。正しい人間にしてはじめて正しい目の働きが出来るのですが、これはあとの耳鼻舌身意、すべて同じことがいえます。

そこが仏教の大切な教えでありまして、心の神経が脳にあることを発見した現代、なぜもう少し早くそれがわからなかったのだろうかと思うくらいに、まだまだ不可解な感覚を人間は持ち続けて歩んでおるのです。

人間は本当にすばらしいのだろうか。すばらしいとすれば、なぜそんなすばらしい人間が悩まなければならないのだろうか。悩める人達を、どのようにしてその悩みから解放するのかも同時に考えねばならないでしょう。

すばらしい感覚をお持ちの皆様方が、それに少しでも気がついて、うるおいのある、しかも生きがいのある人生を、この天地大宇宙と共にゆうゆうと歩んでいただきたい。そして、心の広さを感じ、同時にこれ元気かという元気なところをみせていただきたいと思います。

第七講　老いを知らず

日常生活の中に『般若心経』の心を活かしながら生きていくように努めたいと思っております。生活の中に生きる『般若心経』なのです。

お経をよむだけで大きな力が出来てきますので、出来るだけ『般若心経』をとなえる機会を作って下さい。人間は不安の毎日を生きておるのですが、最近は特に不安なことが多いです。どういうことになるかわからない。そういう時に頼りになるのは自分自身です。自分の心をどのようにしていけばよいのかわからない時に、『般若心経』を知っておりますと、自然にお経を口ずさむようになります。そうなれば『般若心経』が体の中に生きておるわけです。

しかし、その意味は非常に難しい。言葉の意味がわかってもなかなか理解出来ません。何故理解できないかといいますと、人間はそれほど複雑であり、やっかいなものであり、高貴なものであるからなのです。人間の完成へ向かっての修行は大変です。それはどんな道でも大変です。一つの商売にしてもその道をきわめ、その道で正しく商売を行い、そして道を正しく人に伝えるのは大変です。

衣食足りて礼節を知る。着物や食べ物が十分に手に入り、生活が豊かになってはじめて道徳心が高まり礼儀正しくなるのです。しかし現代は衣食が足りすぎて、かえって礼節をわきまえない。財産をあまりにも多く求めすぎると、そのために自分の身を滅ぼしてしまいます。しかもその財産を正しい道で得ていないために、かえって身を悪くしているのです。

無無明　亦無無明尽　乃至無老死　亦無老死尽

無明《むみょう》も無く、亦《また》無明の尽きることも無く、乃至老死も無く、老死の尽きることも無し。

無明というのは無知ということ。正しい智慧がないと無明即ち無知になるのです。無知には誰でもなり得る可能性を持っております。それと同時に、無知から般若の智慧に至る可能性も持っております。この無明というのは般若に対する無明です。無明がある故に般若があるということも出来ます。

仏教では因縁あるいは縁起という言葉がよく使われます。縁起がよいとか縁起が悪いとか言いますが、どちらかといえば悪い方によく使われます。業《ごう》という言葉がありますが、これも業が深いというように悪い場合に使われます。よい場合にも使われなければならないのに、何故かよい場合の使用は消えてしまいました。

因縁が起こってくる、つまり因縁生起といいます。この縁と起で縁起です。業が深いというのも因縁生起《しょうき》からきています。その中心になるのは無明ということになるのです。

無明の中には貪欲《とんよく》（むさぼり）、瞋恚《しんに》（いかり、うらむこと）、愚痴《ぐち》（おろかなる思い）の三つがありこれを貪瞋痴《とんじんち》といい、無明の根元であります。三悪であります。

欲にもう一つ輪をかけますと貪欲ですが、欲がなければ何もできません、欲は必要だと思います。

僧堂といって臨済宗の修行道場での修行中、公案《こうあん》というのを師匠から与えられて、修行の程度の内容を点検してもらいます。公案は一種の禅問答です。修行者は公案に向かって大欲を出さなければなりません。欲を出して公案をいつもしっかり心にもって一生懸命坐禅をし、日常生活を規則正しくやらねばならないのです。さぼっていますと公案がどこかへいってしまいます。「もっと修行に欲を出せ」と言われたものです。山田無文老師に「お前は欲がない」と叱られたのを覚えております。修行にも欲がいるのかなと思って、言われた通り欲を出していこうとがんばったものです。

修行に対する欲。勉学に対する欲などはよいのです。ここでいう貪欲はむさぼりであり、無明につながっていきます。

瞋恚、いかり腹立ちです。日常生活では心は落ちついてばかりではなく、気にくわないことがたくさんあります。家族の中でも自分の思い通りにならなければ、いつものお母さんと違うと言われるほど怒ることもあるでしょう。その時の心は静かな状態ではありません。しかしそういうこともよくよく考えてみますと因縁生起です。

なぜそのように怒らねばならなかったのか。「うちの娘がこういうことをしなければ腹も立たなかったでしょうに」というような怒り方は正しいのです。娘がよくないことをしたために親が怒ることにより、娘はよくなり立ち直るからです。あくまでも正しい智慧から出た怒りはよいのですが、自分の感情のみであやまって怒るのは瞋の方になるのです。

愚痴はグチっぽいとかグチをこぼすとか使われます。知が病気をすると痴になります。痴は無明ということです。だから無明は愚痴につながっていきます。愚痴を言わないような生活になれば立派なものです。しかし愚痴を言わずに生活するのは容易ではありません。

いろいろの因縁がそうさせておるのですが、愚痴をサンスクリット語ではモーハといい、バカのことだそうです。バカだから愚痴を言うので、賢こければ愚痴を言わないはずです。人間は体は元気で病気をしなくても、智慧が病気をすれば愚痴になり、あげくのはてバカになってしまうのです。だから智慧をみがかなければなりません。

ここで因縁について考えてみたいと思います。因縁生起、原因があってそこへ何かの縁があってものごとは生まれるのです。それを縁起といいます。現在こうして生きておる皆様方の今の状態は過去における業、カルマの結果であります。ここでまた業が出てきましたが、これは悪い意味ではないのです。過去の業が現在の自分達をつくっている。そして今つくられている現在が、未来に生まれる業の原因となるわけです。明日あさって、あるいは次の世代の未来に向かっての原因になります。

現在あるというのは、過去から、そして未来へと連続しております。不思議な世界です。皆様方も縁があって、過去の原因があるからここにおられますが、ちょっとどちらかが違えばここへ来ていないかもわからないのです。思えば我々の毎日の生活は縁起の世界で動いております。社会も自分も、そしてこの宇宙も縁起で動いているのです。

茶道の方で「一期一会《いちごいちえ》」とよく言いますが、出会いの瞬間瞬間、そこにこそ永遠なるものがあります。刹那に永遠性を求める、そうでなければ一期一会の世界はわかりません。今現在こうして生きていますが、刹那の中に永遠性をみつめながら生きていくのが大切であるということになります。時は一時も休むことなく過去・現在・未来と連続してすすんでおります。

自業自得という言葉がありますが、自分の業によって自分がそこにはまってしまう。これも原因があって結果が生まれたのです。良い原因があれば必ず良い結果が生まれてくる。善因善果です。悪いことをすれば悪い結果になるのは当然です。悪因悪果、これは自然の法則です。良い種をまけば良い芽が、悪い種をまけば悪い芽が出てきます。悪いことをすれば悪い方面にすすんでいき、そのために身を滅ぼすようになります。

汗水流して一生懸命働いて得たお金であるならば、その金は身につきますけれども、そうでなく、悪徳商法といわれるように人をだまして得たお金ですと身を滅ぼして、しまいには命まで落としかねません。これも原因があって現われた結果です。

自分が無明におりながら、無明であることに気がつかないのが現代人であります。善因善果、悪因悪果をよく考えて、先ず悪いことをしないように無明に早く気がつくことです。

ここで「無明もなく亦無明の尽きることもなく乃至」とあるのは、十二因縁の真中の十因縁を省いてある。十二因縁をこのようにうまく凝縮してまとめているのです。

弱い人間の姿を考えて十二因縁をみていくと非常にわかりやすいです。十二因縁とは、無明・行・識・名色《みょうしき》・六入・触《そく》・受・愛・取・有《う》・生・老死のことです。

父親と母親がいたから我々が生まれてきた。父母がいなければ生まれていません。無明はキリスト教でいえばアダムとイブです。男と女、そこから人間が生まれてきます。行とは子供を産みたいという行為です。三番目にくる識は、母親の胎内にはじめて個の生命として宿る。四番目の名色は体ができ心が発育していく。五番目は六入、六つの感覚器管、色声香味触法がだんだん完備してきます。六番目は触、生まれた後に外界のものに触れてわかる。胎内にいても母親が転ぶと赤ちゃんも痛い。お母さんが面白いことがあってケラケラ笑うと、胎内の赤ん坊も皮膚を通して笑っておる。いつも母と胎内の子は一体です。命が一つです。

七番目に受、対象に対して苦と楽、苦しいことと楽しいことの識別が出来るようになる。大きくわけると苦か楽かのどちらかです。楽しくもなければ苦しくもないというようになりたいが、なかなかそうはなれません。

八番目に愛、自分の欲するものに愛着心をおこす、あの人が欲しい、あの人でなければならないという思い、執着心。これは人間に対してだけでなく物に対してもこの心はあり、だんだん高価なものが欲しくなります。子供の玩具でも初めは安価なものでよかったのが、次第にエスカレートして高価なものを欲しがるようになります。

九番目は取、自分のものにしようとする執着心。十番目は有、生存したいという欲望が出てくる。人をおしのけてでも生きていこうとする欲望。そういう欲望があるからいいのかもしれませんが。今は受験のため小学校高学年から中学、高校生が友達と遊んだりして人と同じようにしておってはいけないと、勉強勉強と追いたてられて、人よりよい成績をとり、負けないようにしなければならないと考えております。

十一番目が生、生を受ける、誕生する。十二番目は老死、やがて年老いて死んでいくのです。お皆さん方が生まれたルーツをずっとさぐっていきますと、今この世におることが不思議です。お母さんが他の人と結婚しておれば今の自分はないのですから。赤ん坊は成人してやがて老人になります。そして生まれたものは必ず死んでいく。最後の因縁の老死の世界になるのです。生まれなければ死ぬこともありません。

輪廻転生するのです。過去世から現在世、そして未来世へと生死をくり返していくのは人間だけでなく、すべての生物、あらゆるものがそのように生きておるのです。十二因縁を簡単に説明しましたが、十二因縁がわかったことにはなりません。

現在我々があるのは因果によって存在しているわけで、これは「未来の結果を見んと欲すれば現在の因をみよ、過去の因を知らんと欲せば現在の果をみよ」ということになります。生きておる事実が過去からのいろんな出来事によって作られております。今作られておるそのことが、未来の社会を作る動機になっているのです。その辺をもう少し端的に眺めていきますと、今日を大切に生きていかざるをえません。

俳聖芭蕉が亡くなる時に、弟子に最期の一句を求められました。

旅に病んで夢は枯野をかけめぐる

これが辞世の句であると普通は思われておりますが、弟子が後で言ったのであって、芭蕉自身は日頃詠んでおる俳句が一つ一つその時の辞世だと言っていたそうです。こういうことはなかなか言えません。

昨日の句は今日の辞世であり、今日の句は明日の辞世であると言っているのです。今日は元気で生きておるが、明日はわからないという気持ちで皆生きておると思いますが、今日に徹しきることはなかなか出来ません。明日の命はわからないと頭で理解していても、実際は今日と同じように明日もあるだろう、あってほしいと心の底で思っているからです。「いつまでもあると思うな親と金」の諺のように、いつの間にかなくなってしまうのです。

昔は大阪の町でも中心をはずれると田んぼがあり、秋には稲穂が黄金色の波をうっていたことでしょうし、田植の季節には早乙女が苗を植えている姿も見られたことでしょう。けれども現在は見渡す限り人家やビルばかりで、郊外に行かねば田畑はありませんし、しかもトラクターで耕やし、田植機で植え、泥田に入って夏の炎天下汗水をたらしながらの草とりも、除草剤をまくようになり、田んぼの風景は大きく変化してしまいました。

以前なら、この夏は雨が降るだろうか、日照りが続くだろうか、また秋には台風が来ないだろうかといろんな心配をしながら過ごしたものでした。今時はそういう気苦労は少ないです。ラジオを聞き、テレビを見たり、新聞を読めば一カ月先の天気予報まであるのです。

以前は農家の人達は大自然の中の変化を観察しながら生きておったのです。蜘蛛が高いところに巣をかけると今年は台風がこないかなとか、低いところに巣をかけると台風がくるのかなというように、自分のまわりの小動物の生態を観察して判断したものです。

この秋は雨か風か知らねども
　　今日のつとめに田の草とるなり

今年の秋に雨が降るか台風がきて風が吹いて稲がだめになるかもしれないけれども、今日一日の仕事に田の草とりをするのだというのです。夏の日照りで稲が全部枯れてしまうようでは田の草とりをする必要はないのではないか、台風が来て稲を全部吹き倒してしまうのなら、田の草とりはやめておこうと考えるのが合理的な現代人であります。しかし結果はというよりは、秋の収穫のことを考えずに、今日一日努力をしようとこの歌はうたっているのです。その心、努力が尊いのではないでしょうか。現代人はあまりにも合理的で計算高いのではないかと思われます。西欧人の方が日本人より合理的でありますが。

何事が起ころうとも、今日やるべき仕事を一生懸命やっておけばよいというのが日本人の考えであったのです。先のことを考えすぎますと人間は何も出来ません。これから十年間毎日同じような生活をすると考えますと嫌になります。明けても暮れても同じことのくり返しだと思うだけでうんざりすることでしょう。

サラリーマンなら、毎日混んでいる満員電車に乗って勤め先へ行き、仕事をすませてまた疲れた体を満員電車にゆられて帰ってこなければならないのです。そんな生活をこれから何十年も続けねばならないと思うといやになるのではないでしょうか。一日一日今日だけ勤めようとやっているうちに、振りかえってみると五年も勤務したのか、十年過ぎたのか、二十年無事に勤められたということになるのです。

ご婦人方の日常生活にしても同じです。炊事洗濯掃除の毎日が死ぬまで続くのかと思うとしんどくなります。ところがそう思わずに今日一日ちゃんとしようと努力をしていくと、いつの間にか月日が過ぎておるものです。

鈴木大拙という、禅を修行され、禅の思想で世界的に有名な方がおられました。二十年あまり前に九十幾歳かで亡くなられました。鎌倉の円覚寺の前に東慶寺という寺がありまして、その一角の小高い所に松ケ岡文庫があります。生前はそこに居住しておられましたが、現在は大拙博士の所有されていた書物が保管されており、古田紹欽さんが管理をされております。

私もそこへたずねて行ったことがありますが、幅は狭いのですが、高い石段を上っていかなければならないのです。大拙博士が八十、九十にもなられて、よくもあんな高い石段を上っていかれるなと思ったものです。

そこへある日山田無文老師が行かれました。その時に大拙博士は、山田無文老師が来られるというので鎌倉まで迎えに来ていらっしゃったと思うのですが、この東慶寺の一角に案内して下さいました。大拙博士は晩年でもお元気でしたが、足は弱っておられました。石段にさしかかった時に大拙博士が後をふり向いて無文老師に言われたそうです。

「上をずっと見ながら登ろうとすると、あそこまでまだなかなかだなと思って疲れる。だからそう思わずに下を向いて足元を見ながら一段一段登っておれば、いつの間にか上に着いてしまうよ。人間そういうものだ」

なるほど上を見ながらあそこまで登らんならんと思うと、思うだけでしんどくなります。ところが下を向いて一歩一歩足を運んでおるうちにしまいに上に着いてしまった。人間もそういうものだと言われたそうですが、味のある言葉です。

そういう生き方をするならば、今日一日を非常に充実して生きることが出来ます。そういう生き方は生活の中で実際に体験しないとわかりません。頭だけでは決してわかることではないのです。そこが人生の本当の味わうべきところだと思います。

人間八十年生きるとしても、今日の一日一日が八十年をつくっておるのです。今日一日をいかに充実して生きていくかに思いを至すならば、皆様方の日常生活が本当に違ってくると思います。白隠禅師のお師匠さまの正受老人に「一日暮し」というのがありますので紹介しておきましょう。

如何程の苦しみにても、一日と思へば堪へ易し。楽しみも亦、一日と思へばふけることもあるまじ。愚かなる者の、親に孝行せぬも長いと思う故也。一日一日と思へば退屈はあるまじ。一日一日とつとむれば、百年千年もつとめやすし。何卒一生と思ふから、一年二年、乃至百年千年の事なら知る人あるまじ。死を限りと思へば、一生にだまされやすし。

どんな苦しいことであっても、今日一日の辛抱だと思うと我慢しやすい。楽しい嬉しいことも今日一日だけのことと思うと、それにおぼれることもない。親に孝行しないのも、親がいつまでも長生きしてくれると思うからである。今日一日しかないと思うと親にも孝行し、怠けたりしないだろう。一生と思うから大層になるので、一日一日を努力していけばよいのだ、というのです。「一大事と申すは、今日只今の心也」。一番大切なのは、今日、今の心だというのです。今どういう気持ちで生きておるか、今何を思っておるか、今何をしておるか、常に今に立たなければならないのです。そういう切実な生き方をしておる人は、充実した一日一日を生きておるのです。

外出して帰ってきますと「ただいま」と言います。子供になぜ「ただいま」と言うのか聞いてごらんなさい。ただし「ただいま」と言って帰ってこなければ聞きようもありませんが。「ただいま」と言える子に育てなければなりません。

しかし「ただいま」と言っているのに無言で迎えていては、「ただいま」と言わなくなります。「はい、お帰りなさい。学校はどうだったの」とか、「どんな遊びをしてきたの」と聞いてあげれば必ず「ただいま」と言います。言わない方が悪いのか、言わさないようにしているのかわかりません。原因があって結果がうまれてきます。いわゆる因果関係です。親子だけでなく、夫婦の間においても同じです。家族の誰であっても、帰宅すれば「ただいま」と言う家庭にすべきなのです。

「ただいま」というのは「ただいま、今日も無事に仕事を終えて帰ってきて、今しっかりとここにおります」という存在の表明なのです。「一大事とは今日ただ今の心なり」が一番大切なのです。毎日「お気をつけて行っていらっしゃい。お早くお帰り下さい」と見送って下さい。今日これで最後かもわからないと思うと、それこそ真剣に送り出しますね。そういう気持ちでおらないといけないのです。戦時中、出征兵士を送る家族は、それこそ必死の思いで見送ったことでしょう。

今日わずか一日だと思っているうちに三十年、四十年と過ぎてしまったということになり、これまでこれたのも、夫は妻のおかげ、妻は夫のおかげ、親は子供のおかげ、子供は親のおかげと感謝出来るようになりますと、その人の生活は本当に豊かになります。そこから出発していただきたいものです。

今この存在、今この生活から離れることは出来ないのです。ただ今の心が一番大切なのです。

「ただいま」がわからないかぎり、正受老人の「一日暮し」もわからないと思います。

『中阿含経』の中によい言葉があります。

過ぎ去れるを追い念《おも》うこと勿《なか》れ、未だ来らぬと待ち設くること勿れ、過去は過ぎ去り未来は未だ来らざればなり。ただ現在の法を見よ。うごかず、たじろがず、それを知りてただ育てよ。今日なすべきことをなせ、誰か明日死の来たるを知らんや。かくの如く熱心に日夜にたじろぐこともなく住するを、げに聖者はよき一夜と説きたまえり。

今日ただいまの心を知って、一日を充実して生きていきなさい。子供は十歳の時には十歳の子供になりきって、遊びたわむれて時を過ごした。やがて十五歳、十八歳、二十歳と青春時代になった。その時には娘心になりきって美しくよそおいもし、いろんなことをやって青春を謳歌し燃焼させていった。あるいは二十代、三十代にかけて男性はよい仕事をし、女性は結婚して子供を産み育てることに没頭した。四十、五十になると男性はますます仕事に油がのっていき、女性は子供を育てあげて独立させた。

このように過去にはそれぞれいろんな経験がありますが、その時々力いっぱい充実していけばよいのです。老いてくると腰も曲がり、体も弱くなってきます。体が老いてくると、精神的にも変化して熟していくのが自然でありますが、やたらと年をとるのを嫌がる人もおられます。

老人大学というのが各地にありますが、その「老人」の言葉にこだわって、名前を変えられないものでしょうかと言われます。老人大学の内容が非常によいので行きたいけれども、老人という言葉がついているのがかなわないそうです。そこまで年をとっていないというのが理由であります。けれども老人にこだわらずに、老人というより成熟して立派になった人たちの集まりであるというように解釈すれば、すばらしいと思えて足が向くのではないでしょうか。ただ年とった人の集まりと思うと足が向かないということになるのでしょうが、そういう人たちは老人ということを誤解しておるのです。老いることにひけをとらない生き方をしなければなりませんし、また年をとっていくことにひけをとらない人ばかりになってほしいものです。

アメリカの有名な詩人ホイットマンは、一八一九年に生まれ一八九二年に亡くなっています。ニューヨーク州ロングアイランドで貧しい労働者の子として生まれ、十一歳で小学校をやめて、給仕、印刷工、教員、編集者などの職を転々として非常に苦労しました。南北戦争には志願して看護卒として傷病兵の看護にあたりました。

この人はイギリス型の詩から脱け出し、新しい内容と形式の自由律詩を作りました。アメリカの生んだ最初の民衆詩人で、民衆の希望や感情及び人間性を表現した最初の人であります。その人の詩に、

女あり
二人行く
若きは美わし
老いたるはなお美わし

というのがあります。女性二人が道を歩いていく。若い人は大変美しい。若さだけで十分美しい。しかし年とった人は若い人以上により美しい。

この詩を作ったホイットマンその人の心に、そのように映っていくのです。「女あり」とありますが、女にこだわることはないと思います。人間あり、男ありでもよいのです。若い人は美しいがそれ以上に老人は美しい。そんな老いたる世界に入らないといけないので、老いたるは見苦しでは困るのです。

若ければ外見的に美しいのは当然で、年とって美しくはなりません。しわがふえたり、しみができたり、白髪になるのは当然のことです。若い時はほっておいても美しいものです。しかしその若さがだんだん老化して、きたなくなるのも当然であります。ここで無明からさめなければなりません。貪欲からさめなければならないし、瞋恚からもめざめなければなりません。愚痴も言わない人間になっていかなければなりません。

去年よりも今年、今年よりも来年の方が、立派に心が成長しておらなければなりません。そうなると老いたるはなお美わしという精神的な美が花咲きます。ホイットマンは心から出てくる美しさを歌っておるのです。若きは美わしといいますが、心はまだ豊かではありません。人間は経験を積んで生きてきますが、甘い経験よりも苦い経験、苦い失敗が自らを成長させて、今日の自分をつくっておるのです。

人間社会は苦労が多いです。楽と苦を知り、損と得を体験し、好き嫌いがでてきた。そこで大切なのは、それらにとらわれない執着しない心です。いかに執着しないで自由に生きていくか。それはカラッとした心であり、淡々とした心境ですが、簡単なようで到達するのは容易ではありません。人生は人と人との出会いであります。人はもちつもたれつで存在するのです。一人では決して生きていかれません。必ずもたれあいながら生きておるのです。そういう生活が人間社会をつくりあげております。

老いておることに気づかず生きておる者は老いを知りません。老いから離れています。一生懸命生きていた日々には、老いている自覚はなかった。やがて年を重ねるに従い、老人の姿を想像するからこわく不安になるのです。腰が曲がれば曲がったままで立派に生きていけばよろしい、曲がる腰を曲げないようにするから余計痛むのです。

年をとることにひけめを感じないでゆうゆうと生きて下さるように、そして若い人たちに目を向けていろいろと教える立場で生きて下さるならば、「若きは美わし　老いたるはなお美わし」と他人から言われるようになると思います。

ホイットマンは非常に苦労をした人ですから、苦労して生きてきたであろう老人をたたえておるのです。たたえられるような生き方をしておる老人をみた、自分もやがてその老人のようになりたいという願望が、この詩には含まれていると思います。

皆様方もこのような気持ちで生きて下さるようにお願いしておきます。せっかくこの世に生をうけたのですから、この尊い命を伝えていかなければならないと思って生きて下さい。

学生達に「自分の体、命を大切にするのはもちろんだが、その心が他人の命をも大切にするのだよ」と話しましたら、真剣な顔で聞いていました。皆様も共にそういう気持ちで生きてまいりましょう。

第八講　苦からの出発

無苦集滅道

苦集滅道も無し。

苦集滅道、そういうものにとらわれて生きていくなということです。

四諦《したい》という言葉があります。苦・集・滅・道の四つのことです。諦はあきらめるという字ですが、何もかもあきらめてしまったという意味ではありません。ものごとをつまびらかにみていく、はっきりとみていく、明らかに真実を知る。これが諦という字です。いくら努力しても駄目だからあきらめてしまったという意味では決してないのです。苦の中に入ってしまって、どんなにもがいてもどうにもならずにあきらめてしまったということでもありません。

苦しみのまっただ中に入って苦しみの真実を知る、どうしてこの苦しみが出てきたのか、その根元をはっきり知ることがあきらめなのです。苦しみには必ず原因がありますし、原因を知れば苦しみを理解出来てあきらめられるのです。そのようにものごとを明らかにみていくのが、諦でなければなりません。

苦諦《くたい》をしっかりと知ることが必要です。苦の自覚をもたない人は、その人の人生が浅薄であるといえるのではないでしょうか。人間として生まれてきたことにおいて、苦しみを知ることが自分を向上させ、より一層人間らしくつくりあげていくのです。全然苦労を知らない人間は明朗でよろしいが、その反面、上すべりの見方しか出来ないうすっぺらい人間になりやすいのではないでしょうか。

しかし苦が人間形成に役立つといっても、その苦に負けて自分がおしつぶされてしまっては何にもなりません。苦を苦しみとしないよう努力するのです。苦に背を向けて逃げるのでは一つの負けです。

ものごとを達観出来る人間になることが、人間の向上の発露であるといえます。大きな心にならなければ達観出来ません。小さいことにこだわっておっては、朝から晩まで小言ばかりを言うか、怒りっぱなしでおらなければなりません。ところがちょっと心を大きくもつならば、少々のことぐらいは気にならなくなります。

子供がいたずらをした場合でも、大きな気持ちで包んであげれば、叱ってばかりおらずにすみます。ヨチヨチ歩きの幼児が庭先で遊んでおるぐらいならケガもしないだろう。それが車の通行の多い道路へでも出て行くようになれば、大声で止めて連れ戻します。子供を遊ばせるにも、母親は物事を一つ一つ真剣に眺めながらコントロールをしています。

幼児の場合はそれでよろしいが、子供が大きくなってくると、目の前にいつもいないので気になって仕方がない。それが他人であれば、やることすべて気になり腹立つことが多くなります。だから母親は娘のしたことは何ともなくても、嫁が同じことをすると気に入らないことが多いのです。達観するのは容易ではありません。

人間は生まれた時はみんな裸であります。何も所有していなかったのです。「本来無一物」と申しますが、本来は何もないのです。生まれた時からもう苦が始まっております。

その苦とは一体何でしょう。生きることそれ自体が苦であります。生きていくのが楽しいことばかりで苦を知らない時期もあるでしょう。若い時には毎日遊びほうけて、苦も知らず何事をも楽観的に考えるものです。そばからみておりますと、何と楽天的な人だろうと思うような方があります。しかしそういう楽天的な人であっても、楽の中にどっしりとつかりこんでしまえば、楽そのものが苦になります。決して楽そのものが、いつまでも続くことはありません。

皆様方も家庭生活を離れて、自由にのびのびしてみたい気持ちがあると思います。もしその望みがかなえられれば、今度はその解放された楽の生活をどれだけ続けたいでしょうか。その生活を一生続けたいと願うでしょうか。楽の生活から離れたいと願うようになると思います。このように楽にも苦が伴っており、楽の中にこそ苦を知らなければならないのです。

集諦《じったい》、苦を招き集めるものが集です。人間には欲望があります。その欲望は苦を招き入れる原因となるのです。この欲望で一番わかりやすいのを五欲といいます。

五欲とは食欲・色欲・睡眠欲・財欲・名誉欲の五つです。この五欲があるために苦しみが生じるのです。

食欲があるので食事をとります。毎日三度、二度の人があるかもしれませんが、ご飯を食べています。空腹になるから食事がとれるので、いくら時間がたっても空腹にならなければ、食事もとらずに死んでしまいます。食欲は悪くないのです。命を保つためには食欲は必要なのです。悩みが深かったり、熱が出たり頭痛がしたりなどの病気の時には、いくら食べ物を出されても食べる気がしなくなります。しかし、例えば風邪をひいた時は体を休めて温かい食物をとるのがよいと言われるように、適当に食欲がなければなりません。

しかし貪欲な食欲はいけません。人間には節度があります。動物にはあまり節度がありませんから餓鬼畜生といいます。餓鬼とは食物をとれないので、飢えてやせおとろえた亡者のことですが、食べ物を貪ぼり食べる姿をもいいます。本当に食べられないものは餓鬼道におちいるといいます。それほど人間は食欲が旺盛なのです。食欲が旺盛だから町々の食堂、レストランは繁昌するのです。食欲のない人ばかりですとそんな店はつぶれてしまいます。

お酒の好きな人は多いですが、楽しく呑んでいる間はよろしいが呑みすぎると悪酔いしたり、翌日は二日酔いで青くなります。呑みすぎると苦になります。また食べすぎると満腹で苦しくなったり、はては胃腸をこわしたりします。何事も過ぎると苦がともなってくるのを忘れないようにすべきです。

色欲、これはいろの欲です。普通いわれる性欲が中心になります。人間には本能的に性欲がありますが、性欲がなければ子孫繁栄はあり得ないということにもなります。しかしこの欲もコントロールしなければなりません。それを過ぎると苦が始まります。そういうことは身近に起こり得ることです。色欲のために家庭をこわす、あるいはその人の人間性がだめになり社会的地位までなくしてしまうことすらあります。その時に苦が生じてきます。だから人間としての色欲をいかにうまくコントロールしているか、いないかによって、その人の人格がそこに現われてくることになります。

睡眠欲は眠りたいことです。「寝る子は育つ」といいますが、実際によく寝る人がおります。禅僧が修行する専門道場では朝が早く、四時に起きます。三時に起きることもありますが、たまま寝忘れというのがあって、その日は六時まで寝られます。雲水は休みの日に何を一番やりたいかといいますと、眠ることです。いつもあまり寝ていないので、ゆっくり寝たいのです。その他に何があるかといいますと、ご馳走が食べたい。食欲ですね、雲水はその二つぐらいの欲です。お金を欲しいといっても、お金を使うことはありませんので、あまり欲しいとは言いません。

このごろのサラリーマンの方達は晩が遅いらしいです。残業、残業で八時、九時、十時、十一時の帰宅。最近の話ですが、「うちの主人は二時か三時頃帰ってきます」「そんなに遅くまで何をしているのですか」「仕事です」。ほうと感心すると共に、よく体が続くなと思いました。それほど社会の現実は厳しいのですね。

奥さん方は旦那さんが晩遅く帰宅されると、いつも酒を呑んでおると思っていられますけれど、それだけ仕事がきついのです。そういう人たちは休日どうするかというと、どこへも行かず、子供の相手もしないでゆっくり寝させてほしいと言うそうです。疲れておるから寝たい、睡眠欲です。

この間私の寺で、子供の一泊坐禅会をしました。いつもは日曜の朝六時に十四、五名集まって坐禅をしております。自主的にやって来ますが、夏休みのことで一泊させて朝四時半に起こしました。ちょうどその時読売テレビが入っておりまして、テレビのスタッフは近くの宿屋で泊まって朝四時前に来ました。四時半になりますと禅堂に寝ている子供を鈴を振って起こしますが、そこを撮影させてほしいということで、カメラをセットして待っていました。

四時半に私がチリンチリンと鈴を鳴らしながら禅堂へ行きました。鈴を振り続けながら「起床」と大声で言ったのですが、小学生の子供ばかりですから目をこすりながら、どちらを見ているのかわからない。そこへカメラマンがライトをあてたものですから寝ぼけているところへ、今度はまぶしくて、ウァーとてんでに声を出してしまいました。仕方がないので撮りなおしということになって、もう一回寝ることになったのです。その時子供がどう言ったかというと「あーよかった、もうちょっと寝させてほしい。あと五分」。眠くてたまらない気持ちがよくわかる言葉です。

眠れるのが大変嬉しいのです。

睡眠欲がいかに強いものであるかがわかりますが、しかし眠れなければ大変です。旦那さんがこのごろ全然眠れないとおっしゃれば、皆さん方びっくりなさるでしょうし、反対に奥さん方が眠れないと言われると、旦那さんがびっくりします。びっくりだけでなく、病気ではないかと心配します。

眠るのは健康である証拠で、食欲と同じく病気で熱があったりしますと、熟睡出来ないのはどなたも経験されることだと思います。それも寝床に入るとすぐに寝入れるようでないといけません。なかなか寝つかれないという人もいますが、私は横になりますと、三分ももたないで高イビキをかいてすぐに寝入ってしまいます。無邪気な子供みたいなものですから、悩んで寝られないということはありません。それほど悩みがないのかといいますと、そうでもありません。悩みはいっぱいあります。次から次と出てきますが、寝られないほど悩むことはありません。

寝る時はさっと寝て、起きる時もさっと起きなければなりません。起きる時ぐずぐずするのはいけません。その辺の節度が大切です。朝早く起きて、朝のすがすがしい気持ちを大いに味わうべきです。

財産欲、財産の一番中心となるのはお金ということになるでしょう。昔は財産といえば田畑、土地、家などの不動産でしたが、今は銀行にいくら預けてあるとか、株券などの動産も含まれております。お金持ちといわれる財産家にもピンからキリまであります。日本にもおられるのでしょうが、外国では話を聞いただけでも驚くほどの富豪がおります。朝目がさめると財産が増えているのです。太陽の上る度に財産が増えていくのですから、明日の来るのが楽しみでしょう。

そうなりたいと思いますが、そこにもやはり苦があります。が、その財産をいかに使っていくかによってその苦しみから離れることができます。それは社会へ還元するのです。財欲は人間につきものですから、誰しも少しでもお金持ちになりたいと思いますが、しかし財産をいくら所有していても、死ぬ時にあの世へ持っていくことはできません。すべて手離さなければならないのですが、それを誰に渡すかによって苦しみが出てきます。家がつぶれるくらいの財産相続の争いをする話は世間によくあります。財はありすぎても苦、そして使用をあやまると苦がまっておることを忘れてはなりません。

名誉欲、これも人間の大きな欲望です。職場で仕事をし、社会人として活躍していますと、いろいろ階級がありますが、それをのぼっていくのが大変です。勤勉に仕事をやっていて、その功績により一段あがった。次もまたしっかりやっていてまた一段あがった。このように一段一段あがっていくのは当然なのです。ところが、人を押しのけて上へあがっていこうとすれば、そこに無理が生じます。名誉欲のために無理をしますと破壊が起こり、苦しみが出てきます。名誉欲が強すぎますと苦がおこるのです。

平凡な人間が一番幸せだといわれています。旦那さんよりも奥さんの方が名誉欲が強く、奥さんに強く要望された旦那さんが名誉を追いかけていたが、そのうちに疲れてしまい身を滅ぼす破目になることも実際にはあるのです。こつこつと努力をして仕事が認められて、名誉職というのではありませんが、役職につく人間になるべきです。

前に言いました生・老・病・死の苦、愛別離苦、怨憎会苦、求不得苦、五蘊盛苦、これらの四苦八苦は今の五欲があるために出てきたのです。

何度も申しますが、生まれるから苦が始まります。老いることの苦しみ、いつも健康でいられない病気になったり悩んだりの苦、身心共に病むこともあります。やがてそれが死につながっていきますが、ここから逃げることは出来ません。

ここへ来る車中で、ふと先日の日航機墜落のことが頭に浮かびました。五百名の方が一瞬にして亡くなられたのです。死はいつくるかわかりません。こうして元気にしておりますが、誰がいつ不幸におそわれるかわからないのです。それこそ誰もがいつまで生きれるか保証なしで生きているのです。

日航機で亡くなられた方々の最後の二十分間のお気持ちは大変であったろうと思います。乗り込む時は大阪空港へ着いてからの行く先、または帰る家のことを思っていたでしょうし、また待つ人のことを考えてもいたでしょう。ところがそれを果たすことなく途中で事故に遭ったのです。

飛行機が造られた、生まれたのです。何回となく飛んでいるうちに、金属といえども老化現象をおこした。絶対こわれないと考えられているものがこわれていくのです。それを人間は科学を過信し、自信過剰になって金属疲労まで計算出来ていなかったのです。

飛行機でも生老病死をたどったのです。生産され、何万回と飛んでいるうちに古びて金属疲労でひびが入り、それは修繕されていてもいつかはこわれるのです。生物だけでなく人間が造りあげた物体もすべて同じなのです。日航機は墜落という運命でこわれましたが、使用出来なくなった飛行機は造ったのと同じ人間によってこわされていきます。建物でも、巨大なビルでも、同じくみんな生老病死があてはまるのです。

私もよく飛行機に乗りますので、死を覚悟して乗らなければならないのかなと思ったりします。というのは、いつもあんな重い物体が空中に浮かび上がって、しかも飛ぶことが不思議で仕方がないのです。物理的には説明出来るのでしょうが、多くの荷物を積み、三百人、四百人の人間が乗っても落ちないのが不思議です。過去からの航空学の進歩で、プロペラからジェットになり、機体も大きくなり、多くの実績のある航空機ですから半ば安心、半ば不安でどなたも乗られるのではないのでしょうか。

不安だからといっても、船に乗ってゆっくりと行くことの出来ない時代です。科学機械文明を信じているから乗れるのです。乱気流に入ってエアーポケットでストーンと落ちると、飛行機の羽がピクピク動き出しますので気持ちが悪いですし、手に持っているジュースが天上から頭の上にさあっと降ってきます。その瞬間には、もうこのまま終りかと思います。

日航機事故の方たちは、そのような不安を三十分も続けられていたのです。家族やいろんなことが脳裡に次々と浮かんでは消えたでしょうし、「助かればどんなつらいことでも、どんな苦しいことでもやるから、どうぞ生かして下さい」とみんなが願い祈ったことでしょう。人間はいつ死ぬかわからないのです。事故に遭うか病気で死ぬかもわからないし、寿命がつきて自然に死んでいけるかもわかりません。その死をはっきりと知るならば、これはいわゆる諦めではなくて、真実をつまびらかにはっきりと知るならば、今日生きていることがもっと尊く思え、感謝しながら精いっぱい生きられると思います。そのように考えて、苦をのりこえて生きていただきたいものです。

京都駅のビルの上からダイビングしてとび下りて亡くなった方がおりましたが、その人の死に対する挑戦は、この世の中の苦しみから遁《のが》れたいためであって、死を達観してゆうゆうと死んでいったのでは決してないと思います。生きて苦しみに打ち克つよりも、死によって生の苦しみから遁れたのだろうと思いますが、そういう死であってはなりません。

あくまでもごく自然に死のやってくるのを待ちうけて、死にも堂々と対応出来るならば立派なものです。誰でもみな経験しなければならないことですから、常日頃からの心がまえが大切でありましょう。

前にも説明しましたが、好きな人、愛する者との別れ、それには生別と死別がありますが、死別はとくに悲しくつらいものです。この苦しみが愛別離苦《あいべつりく》。その反対にうらみ骨髄に徹するような人とも会わなければならない、嫌な人と一緒に仕事をしたり暮らしたりしなければならない苦しみ、これが怨憎会苦《おんぞうえく》。欲しいものがたくさんあるが、手に入れることの出来ない苦しみ、これは物品だけでなく地位名誉も含まれます。求不得苦《ぐふとくく》。いろんな欲望が盛んなためにおこる苦しみを五蘊盛苦《ごうんじようく》というのです。

これらの苦しみがとりさられた世界を、普通悟りの世界といいます。ニルバーナ、涅槃《ねはん》です。欲が全部消え去った状態で、何ものにもとらわれない自由な静寂な境地、いわゆる滅諦《めったい》です。滅は吹き消すという意味をもっております。何を吹き消すのか、苦を吹き消すのです。滅は死ということではありません。欲を全部捨て去ってたんたんと過ごせるなら、それはよい境涯です。その状態が滅諦です。

そのような境地に至るにはどんな実践が必要でしょうか。静かな、そして何ものにもとらわれず、欲望すべてを捨て去れるような苦を滅する道が道諦《どうたい》ということになります。そうなるための実践の道がこれから述べます八正道《はっしょうどう》です。

人間は快楽の世界を望みますが、その快楽だけを追求して生きるのはよくありません。人間として正しい生き方をするための実践方法が八正道でもあるのです。

正見、この世の中の真実、もののあり方を正しくみていく。ものを歪んでみていくと真実はわかりません。正しく自分でものごとを把握していくのです。

正思、思惟ともいいますが、真理を正しく思っていくのです。真理があるのはわかっていても、思いがなければなりません。思う自己もなければならないのです。

正語、正しく本当の言葉を語って相手に伝えなければなりません。嘘を言って喜ばしても、必ずばれてしまいます。正しい本当の思いを相手に伝えなければ信頼されません。怒っている時に怒った言葉が出て当然であります。本当の言葉を使うのは難しいです。誰でも出来るようで、誰もが出来にくい、しかも大きくなっていくほど難しくなります。

世の中には言葉巧みに自分の思いと裏腹な言葉で話す人があって、正直な人間ほどひっかかりやすいです。ひっかかった人はあやまった道に行ってしまい、そこに苦しみが始まっておるのです。純粋な人間でなければ真実の言葉を語ることは出来ません。言葉を上手にしゃべれということではありません。トツトツでもいい、本当のことを伝えることが大切。おしゃべりがうまいのがいいのではない。正しく真実の言葉を語りなさいということです。

正業、業は行い、行為、働きです。正しく働かなければならない。正しい思いでなければ正しい行為は出来ない。よしよしと言っておいて足でけとばしているようでは何にもなりません。よしよしと頭をなでる気持ちでないと行為が出てきません。人目にはいい格好をしながら、逆の行為になることがあるので、行為も難しいものです。

正命、正しい生活を行うことですが、正しい日常生活となると難しいです。同じ人間でありながら、なぜこれほど生活が違うのかと思うほど、それぞれの日常生活が違います。家庭の生活、勤めもみんな違います。正しい生活をしなければなりませんが、そのためには次の正精進です。

正精進、正しく一生懸命努力をする。生きる目標がなければ努力はできません。生きる目標をしっかりみつけて、お互い努力していきたいものです。

この間、私が住んでおります亀岡の市職員の一人が突然私の道場へやって来まして、玄関に立ったまま「先生、生きる目標がわからないんです。教えて下さい」と言うのです。「何のために生きているのかわからない。市役所で八年間も働いているので仕事に不満はない。家庭にも不満はない」。独身の男性でしたが、何不自由ない生活だけれども生きる目標がない。生きていることに虚無感をいだいているのです。目標がわからないので努力が出来ないわけです。

しばらく坐禅をしていましたら、市役所から電話がかかってきました。「課長ですが、うちの職員が先生の所へ行っていませんか」「来ていますよ」「先生の所へ行くとメモして出かけたみたいですので電話したのです」「何か悪いことでもしたのですか」「いいえ、悪いことはしていないのです。先生を頼りにしているので、何とかたちなおるようにお願いします。彼は真剣になっているんです」ということでした。

生きる目標をしっかりみつけて努力していく、仕事が楽しくなるようにつとめてやっていかなければならないということを言ったりしたのです。一度ぐらい話したぐらいでなかなかわからないと思いますが。

今は生きる目標とするものがあまりにもないのです。恵まれすぎて何不自由ない生活の中で、遊べるし仕事も出来るが、人間として生きてきた価値観がわからない。まじめに生きておるのであやまってはいないのです。お釈迦様もそうです。生きる目標のために山中にこもって修行されたので、君の思いは別に悪いことではない。正しいことである。その正しい入口をみつけたのだから正しく生きるよう努力していきなさい等、いろいろ方便を使って話をしました。

正念、正しい教えを自分の心の中で念じていきながら生きていく。世の中にはどの道にでも尊敬出来る人々が生きていられます。その人々の教えを聞いて参考にして、やがては自分のものにして生きていくならばその人は幸せです。

正定、正しく禅定に入るのです。

簡単に八正道を説明しましたが、この八正道の実践の第一人者がお釈迦様であります。そして八正道を体得されたのです。ではこの八正道をどこで体得されたのでしょうか。

お釈迦様についてはすでにお話しましたように出家されて修行なさいましたが、その時に、二つの片寄った道をさけねばならないと思われたのです。一つは快楽に耽溺する道であってはならない。もう一つの道は苦行に没頭する道もいけない。この苦と楽の二つを離れた中道こそ、涅槃に至る正しい道であるといわれたのです。この正しい道が八正道の教えであります。これは味わうべき人間の生きるこつであるかもしれません。

我々も専門道場での修行中は大変でしたが、そういうところを通ってきたからこそ、中道がわかってくると思います。ですから苦行というほどでなくても、苦しい生活を体験しなければ本当のものはわかりません。本当の人生は苦しみを体験しなければわからないのではないでしょうか。苦にあった人は、苦を通して自分を試してみる一つの出会いであると思うべきです。出会うのは自分に原因があるのです。

実際は苦しみもあり、それをのり越える実践方法もあるのに、なぜ『般若心経』は、「苦集滅道もなし」と強く否定しているのでしょうか。それは本当にないというのではありません。そういうものをのり越え、そういうものにとらわれないことをより一層強く高めるために、なしと否定しております。苦集滅道にもとらわれることがない、そこまで道をきわめていただきたいものです。

現実にはいやな出来ごとが起これば、悲しいし苦しい。しかし静かに眺めていくならば、それらも消え去っていきます。一つの現象にすぎないのです。それでは何でも好きなことをすればよいのかということになりますが、決してそうではないのです。そのあたりを間違いますと、好き勝手なことをして生きればよいということになります。

ものごとの道理を達観し、真実の姿をみていくならば、そこにあきらめ＝諦観ができます。よくよく吟味して生きていかねばなりません。

人間の命は大切でありますが、人間の教育も大切であります。どんな小さな子供がいたずらをしても、失敗しても、親がそれを大きく許すことが出来ますと、その子供は大きくなってからぐんぐんのびることがあります。そこが人間の教育の非常に難しいところです。

鎌倉の円覚寺に明治時代の方ですが釈宗演という禅僧がおられました。円覚寺の管長にまでなられた方であります。その釈宗演老師は若狭の出身で、まだ少年の頃京都の建仁寺の塔頭である両足院におられました。両足院は学僧が出た寺で、いわゆる学問僧や立派な方たちがたくさんおられました。

少年の釈宗演がそこにおられる時は、勉強はもちろんですが、庭掃除や拭き掃除、水汲み等の仕事もしなければなりません。小僧といえばそのような労働も課せられるのです。朝から一生懸命に仕事をしておったのですが、たまたまその日はお師匠さまが外出されました。峻崖和尚といいまして学僧の方です。少年の釈宗演は仕事を途中で止めて縁側でごろんと横になりました。それもすぐ起きればよかったのですが、なかなか起きられない。毎日の仕事の疲れと早起きのためでしょうが、ちょっと一休みのつもりが寝入ってしまいました。

夕方になり峻崖和尚が帰ってこられミシミシと縁側を歩いてこられた。その音で少年宗演は目がさめた。しまったと思ったが起き上がるわけにいかない。目を閉じて横になったまま、じっと我慢をしていた。峻崖和尚が近づいてこられるので、ビクビクしながらもそのまま横になっていた。

そばにこられた峻崖和尚「ごめんなされや」と小さい声でおっしゃって頭の辺を静かに通って行かれた。普通なら「小僧、いつまで寝ている、起きよ」と叱りつけられるところを、優しい言葉をかけられたのです。その時の気持ちを宗演老師は忘れられない。生涯胸の中にそのことを持ち続けられて、管長になられるほどの立派な禅僧になられたのですが、立派になられてから話された逸話であります。峻崖和尚はその当時、小僧が気がついていたことは全くご存知なかったでしょうが。人間は生活の中に現われる心によって、どこで教育されるかわかりません。

八正道は簡単に出来るものではありません。皆様方の日常生活でも中道を歩むようにして下さい。そうすれば、とらわれることもなければ、苦しいこともありません。また苦しんでもそこからたちなおれます。そういう幅をもった生き方が大切であろうと思います。苦はくり返しやってきます。しかし過去に経験した苦を生かして下さい。

今日無事生きておることが大切であります。「無事是貴人」と申します。

第九講　無我に生きる

無智亦無得　以無所得故

智も無くまた得もなし、無所得を以ての故に。

無所得を以ての故に智もなければ得もなしとなって、無所得が大切なのです。では無所得とは一体何でしょう。所得倍増とか、所得隠しとか、所得がないので税金を払えないなどといいますが、ここでいう無所得はもっと大きい意味をもっております。言葉としての所得は身近に使われています。

達磨《だるま》大師がインドから中国へ渡ってこられ、梁の武帝に会われた時の有名な問答があります。武帝は仏心天子といわれるほど熱心な仏教信者で、寺を建てたり、自ら経典を勉強されて人に講義されたり、写経をなさったりしたそうで、非常に高徳な方であります。この禅問答は『碧巌録《へきがんろく》』

第一則に出ておりますので読まれた方もあろうかと思います。

梁の武帝が達磨大師に「私は立派な寺を建てるお金を寄付したり、仏典を研究してその教えを民衆に講義しました。あるいは写経をしたりして仏教の教えを弘めるよう努めたりしました。そんな私にどんな功徳があるでしょうか」とたずねました。心がまえが立派だから、極楽浄土へ間違いなく行かれるとか、または現世利益的な答を期待しておったのかもしれません。ところがさにあらず、達磨大師曰く「無功徳」。功徳なしと答えられたのです。

自分はこんな立派な良いことをしたのだから、何かの功徳があるだろうと人は思いがちであります。これだけしてあげておるにもかかわらず、見返りがあまりにも少ないではないかと不満もおこります。これだけ親切にしてあげているのに、相手からは逆のことが返ってくるのはどうしたことだろうか。そこに怒りを感じることもあります。いろんな意味で日常生活においては功徳を求めます。

梁の武帝も世間一般の功徳に対しての考えを持っていたので、達磨大師にあんな質問をしたのでしょう。そのため武帝は、達磨大師は立派な方だけれども、何という返事をなさるのだろうと不満をもたれました。

そこで武帝は再び質問をしました。「世間道には、正しい道、あやまった道、潔い道、汚ない道、いろいろあるけれども、それらの道に対してはどういうお考えでしょうか」。達磨大師は答えられて「廓然《かくねん》無聖《むしょう》」。秋晴れのように雲一つないカラッとした心境である。俗だの聖だの、損だの得だの、良いとか悪いとか、そんなものにとらわれない心境が「廓然無聖」であります。

しかし日常生活はとらわれの世界でありますので、にっちもさっちもいかないのです。功徳を期待しないで世間的に立派だといわれることが出来ればいいのですが、人間はなかなか無功徳の心になれません。

先日惜しくも亡くなられた近藤文光老師は、妙心寺僧堂で長い間雲水の薫育にあたられ、たくさんのお弟子を育てられた立派な禅僧であります。この方は非常にきちっとしておられ、世間にあまり出られなかったので、社会的に名前は知れ渡っておられませんが、修行者の面倒を綿密にみられました。

妙心寺僧堂をひかれてからは安土の摠見寺《そうけん》に住職として隠居されたのですが、ある時そこで法要が営なまれました。近隣の和尚様たちが包みものを持って出席されましたが、その時引出物として朱扇がおくられました。それに書かれていた字がまたすばらしい。「無功徳」なのです。こちらはたくさん包んでもっていったのに、お返しは扇子一本。開いたら「無功徳」ですから、もらった者はたちまち笑い出したそうです。その話を私の耳に入れてくれた者がおりますが、そういう心境はお互い大変難しい問題が残ってくると思いますが、さっぱりした話だなと聞いたものです。

禅語に「労して功なし」という句があります。「苦労したが報いがなかった」の意味ですが、この辺の消息がわからなければ修行にはならんとよくいわれました。無駄なこと、バカなことばかりやって苦労したあげくの果て、「労して功なし」がわからなければ駄目だといわれます。

人生はある意味では無駄な生活をやっておるのですが、現代人はあまりにも無駄のない合理的な生活をやろうとします。無駄も時には必要であると考えてみるべきでしょう。

神戸の新幹線新神戸駅の近くに布引《ぬのびき》という所があります。少し奥へ行くと有名な布引の滝があります。その布引に徳光院といって、川崎造船の川崎家が建立された寺があります。別荘が京都の嵯峨の天竜寺近くにあったそうですが、今はどうなっておるか知りません。その頃、川崎家の一番偉い方が、天竜寺が好きである時散歩していらっしゃったそうです。そして当時の管長さんと親しくなられ、「神戸の布引に所有地があるので寺を建てたいのだがどうだろうか」と話をもちかけられて、建立されたのが徳光院なのです。

その徳光院の一代目の住職が天竜寺の師家もされた高木竜渕老師であります。この方は大変頭がよかったそうです。徳光院は山際ですので、夏の夕立など雨が多く降りますと、山から土砂が流れこんできます。神戸の裏山は崩れやすい土地なので、夕立の度に土砂が流れこむのですが、竜渕老師はスコップでその土砂を運ばれるのです。弟子の精拙が見ておって、「雨が降る度に土砂をご自分で運ばれずに誰かに頼まれたらどうですか。それとも何日分かまとめてなさったらいかがですか」と言われたのです。その精拙は何をしているかといいますと、縁側に座ってプカプカ煙草をふかしていたそうです。

その言葉を聞かれた竜渕老師は後を振り向かれて、すごくお叱りになったそうです。「お前はどういう修行をしておるのか。修行時代に労して功なしということを工夫しなかったのか」と言われたので、精拙は冷汗をかいたそうです。精拙はやがて精拙老師となり、天竜寺の管長にまでなられたのでありますが、後日竜渕老師のことを述懐されております。ご立派な人同士の思い出は味があります。

何にもならないけれども、努力しているその心が尊いのです。土砂運びなど、雨の度ごとにしなくても、何日かたまってからショベルカーですれば楽に出来るし、または金を払って人に頼んでやってもらえばよいと考えるのが現代人であります。

禅語に「好事無きにも不如《しかず》」があります。好いことはないのと同じだ。いいことをしてあげたと言っておるうちはだめだ。誰にいいことをしてあげたか、どんないいことだったのか全部忘れなければならないのに、みんな覚えています。してもらったことは忘れやすいのに、してあげたことは忘れにくい。すべて忘れるよりも、とらわれずに無心であるべきなのです。自我が強いのが現代人であり、西洋人はもっと強いです。

「無所得を以ての故に」がわからなければ、無我に徹しきれません。無我になって生きるところに修行の本源があるのです。日常生活において人間の本当の生きがいも、その人がどれだけ無我になって生きておるかで決まってまいります。

得については先ほど所得や無功徳などで話しましたけれど、人間には愚に対して智がありますが、智そのものも人によって違います。あの人は頭がよくて物覚えがよいと賞められる人もあれば、いくら教えてもわからない、何回言っても覚えられない人もいます。

子供に『般若心経』をよませますとすぐ暗記してしまいますが、年をとってまいりますと賢いといわれる人でも覚えにくいものです。我々でも小僧時代に教えこまれたものは長いお経でも宙でよめますが、中年になりますと新しいことは覚えにくいですし、時々間違ってないかなと思ったりするものです。

「智もなく」は、智慧がないという意味ではなく、智にとらわれないことです。私は彼より賢いと思うと、態度にもそれが出てきて争いの種になったりします。賢くてもそれにとらわれると損をすることがあります。

お釈迦様に、シュリハントク(周利槃特)といわれる弟子がおりました。この方は物覚えが非常に悪く、しかも忘れっぽい。自分の名前も忘れてしまうほどでした。そのため自分の名前を書いた紙か布を背中にはりつけていたといわれています。シュリハントクの墓の上に生えてきたのがミョウガで、そのためミョウガを食べすぎると物忘れをするといわれるのですが、これは後世のこじつけだと思います。

シュリハントクは一生懸命お経を覚えようとするのですが、どうしてもだめなのです。ある時彼はお釈迦様におたずねしました。「私は頭が悪くてバカであります。いくら努力してもお教えの言葉を覚えられません。どうすればよろしいのでしょう」。それに対してお釈迦様は「自らバカと言える者は本当のバカではない。バカであることがわからず、自分を賢いと思っておる者が本当のバカなのだ。お前は真のバカではない」と言われたそうです。そして「ちりを払い垢を除け、この言葉だけを覚えればよろしい」とさとされて、一本のホウキを手渡されました。シュリハントクはお釈迦様にいただいたホウキで「ちりを払い垢を除け」と唱えながら、毎日お掃除に精を出しました。そして遂にシュリハントクの心の眼がひらけたのです。

多くのことを覚えなくともよい、いろいろとしなくともよいのです。一つだけでよいから、それに徹しきることです。そうすれば自己の心のちりを払い、心の垢をもとり除くことが出来て、最後はカラリとした秋晴れのような心境に到達するのです。また自分の愚に徹することにもなると思います。

それでは無我に徹した生活とはどんな生活なのでしょうか。蘇東波は

渓声 便《すなわ》ち広長舌
山色豈《あ》に清浄心に非ざらんや

とうたっています。きれいな詩です。静かな山間に谷川のせせらぎの音が聞こえてくるが、そのせせらぎの音こそが説法ではないか、山あいのきれいに紅葉しておる情景は、人間の清浄心とちっとも違わない、ぴたっと一枚になっておるではないか。心が落ちつき、せせらぎに耳を傾けられる心をもっていなければ、せせらぎの音を聞いても単に水の流れとしか思わないで、説法とは聞くことができません。

大自然の中に身をおくと心が洗われるようだといいますが、自然と自分との一体感を感じ、宗

教的感慨に浸れることがあります。蘇東波は熱心な仏教信者でしたから、自然の音を聞いても、見ても、このようなきれいな詩を作れる下地があったのかもしれません。

道元禅師の歌に

峰の色渓のひびきもみなながら
わが釈迦牟尼の声と姿と

蘇東波の詩とよく似ています。この歌によみこまれているような道元の気持ちが、永平寺をあんな山奥深い地に建てられたのだと思います。ご自分の心中にある仏心、み仏の声や姿と、自然とが一枚になっている心境をうたわれたものです。

春は花夏ほととぎす秋は月
冬雪さえてすずしかりけり

大自然の四季をうまくうたっております。

川端康成さんがノーベル賞をもらわれて、ストックホルムの受賞式に行かれ、彼の地で講演されました。講演の内容は「美しい日本の私」の表題で、あとから文庫本として出版されました。最初は「美しい日本と私」とされていたのを、「美しい日本の私」に変えられたそうです。「の」と「と」を変えただけで意味が相当違ってまいります。「私と旦那様」、「私の旦那様」ではかなり違います。との場合は対立的ですが、のは一体になって含まれてしまいます。美しい日本があって、それと別に私があるのではなくて、美しい日本の中にひたっておる私なのです。

道元の思想、あるいはいろんな方の歌を紹介しながら、川端さんはストックホルムで記念講演をされたわけですが、日本の仏教の無我の思想をわかっている人間でないと、これらの歌を理解しにくいのではないでしょうか。

ついでに良寛の歌も紹介しておきましょう。

かたみとて何か残さん春は花
　山ほととぎす秋はもみじ葉

これも無我に生きた心境です。良寛はやがては死んでいくけれども、弟子達やまわりの人たちにかたみとしてあげられるものは何もない。清貧に甘んじた生活のため、財産はもちろん、残す品物はない。弟子たちに仏法を残すこともない。しかし春になれば美しい花が咲き乱れ、夏になれば山ではほととぎすが鳴いてくれるではないか。秋になれば全山紅葉して人間の心をきれいに包んでくれるではないか。自分がかたみを残さなくても、大自然は後世の人に季節季節のすばらしい贈りものをしてくれているではないか。無我であるからかたみを残さなくてもよいのです。

ところがその反対に、世間ではかたみ分けのトラブルをよく耳にします。涙でお葬式をしたのに、かたみ分けになるとよい方を選ぶ。「泣きながらいい方をとるかたみ分け」です。これは金や品物がかたみとなっているからです。しかし良寛のような生き方なら、争いの種もありません。出来ればこのような生き方をしたいものです。

道元禅師もそうでありますが、長い間苦労して修行された結果、きれいな心境に至られたので、日常生活の心そのものが真実の心であるべきなのです。

道元禅師は中国に渡られて、天童山で修行されました。私も天童山を訪れたことがありますが、立派な伽藍が復興されて京都の大本山ほどの構えでした。「その天童山で何を学ばれたのか」の問いに対し道元は、「山僧叢林を歴《ふ》ること多からず、只是等閑《なおざり》に天童先師に見え、当下に眼横鼻直なることを認得して、人に瞞せられず、便ち空手にして郷に還る、所以に一豪も仏法なし、朝朝《ちょうちょう》日は東に出で、月は夜夜《やや》西に沈む、鶏は暁の五更に鳴き、三年に一閏あり」と答えられました。

「自分は中国へ渡って天童山の立派なお寺で修行したけれども、長年おったわけではない。そこには徳の高い、学問も深くされた和尚さまがいらっしゃって、その方にお会いしただけである。中国へ仏法修行にいったけれども、変わったことはない。目は横についておったし、鼻はまっすぐについておったのをたしかめ、あざむかれなかった。空っぽで行って空っぽで帰ってきた。だから仏法はいささかもない。教えにもとらわれない」という意味で、立派な教えをもちながら、そのように言う道元の心が尊いのです。

毎朝毎朝、日は東から出て、月は毎夜西に沈む。日本でもそうであったが中国でも同じであった。五更は今の午前四時から六時です。鶏は朝早くコケコッコーと鳴き、三年たてば四年目には閏《うるう》年がめぐってくる。

平凡な言葉で答えておられますが、修行して、師匠の如浄から印可をもらったが、別に変わったことはなく、あたりまえのことだけであり、無我に生きているからといって、今までの世の中と変わることは絶対ないのです。

中国の書物『菜根譚』に

魚は水を得て逝《ゆ》いて　水を忘れ

鳥は風に乗じて飛んで　風あるを知らず

此れを識らば　以って物累を越ゆべく

以って天地を楽しむべし

魚は水の中におりながら、水のあるのを忘れておる。しかし、一たん気温が零度に下がり、水でなくなり氷になって形を作ってしまうと、魚は自由に泳げない。鳥は意識しないで飛んでおるが、突風とか台風がくると意識する。意識すれば抵抗があるので飛べなくなる。しかし飛んでおる時には風に全然気がつかないのです。

人間の心も淡々としておれば相手とのつきあいがスムーズにいきます。しかし少しでもどちらかの心に固まりがあり身がまえますと、ちょっとしたことでも衝突します。寒さがやわらぐと氷は水に、冷えると水は固まって氷になるのと同じように、心がやわらいでおると対人関係はなごやかですが、冷えて固まると、つきあいがうまく出来ません。相手の心が固まっておると、こちらの暖かい心でとかしてあげれば、自由に心が通い合うことが出来ます。人間の心は固まりやすく、自由にならないものであります。

蘇東波、道元、良寛の心に少しでも近づこうとするその心だけで彼等の心境と一緒になって生きていけるのです。しかし少々の修行ぐらいでは、実際に無我になりきれるものではありません。キリスト教徒の中には、神秘主義を唱える人たちがおられ、神と我とが一体になる経験がなければ、真のキリスト教徒にはなれないと主張します。それは無我の境地であります。

キリストは神の声を聞かれて自ら神になられた。その弟子のパウロはダマスコに行く路上において神の光を見たといわれます。その時の心境は「我も早生きるにあらず、我キリストにおいて生きるなり」と叫ばれております。クリスチャンにとって、パウロに続けの言葉が出てくる所以です。私が生きておるのではない。キリストと我が一体で生きておるのだ。これは見神、神を見る体験です。

見・信・行の三つが宗教者には必要です。見は自分の本心、正しい人間性をみていくのですが、これがなければ宗教的な信念は成立しません。見によって信が確立して、行によって一層明確になります。行は実践とみればよいと思います。

禅においても見は大切にされております。禅の修行では「お前は何をしておるのか」と、この問いを朝から晩までかけられております。人の意見はどうでもいい、お前の意見はどうなのだ。お前の主体性はどうなのかと問われておるのです。

前にも申しました臨済禅師の「赤肉団上《しゃくにくだんじょう》に一無位の真人あり、常に汝等諸人の面門より出入す。未だ証拠せざる者は看《み》よ看よ」は、見であります。ただ単にボーとしておって無我にはなれないのです。とてもいいおじいさんだなといわれるお年寄りは、おそらく若い時からあらゆる経験をしたと思います。楽しいことだけでなく、辛いこと苦しいことすべてを体験して知ることが出来たから、優しい無心の笑顔のおじいさんになったのです。

苦労の体験、辛抱の経験が自我をけずっていくのです。少々頭が良いとか賢いとかよりも、一つのことを辛抱し我慢して重ねてやっていくことに、「無所得をもっての故に」という意味あいも含まれております。

辛抱するのはなかなか容易なことではありません。私も小さな禅堂をもっておりますので、用事のない日曜日の朝は禅堂を解放して子供坐禅会を開いていますが、会は朝六時から始まります。坐禅せよと言っても、その時だけじっと坐っていますが、五分十分するとゴソゴソやり出します。鶏が鳴く頃なので、それが何回鳴けば坐禅は終りだと言いますと、今度は鶏の声に気をとられます。一回鳴いた、二回鳴いたと勘定しています。数えながらじっとしているうちはよいのですが、鶏もこちらの都合のよいように鳴かずに休むことがあります。すると子供達はまだ鳴かへんのかとそわそわします。そのような思いをしながらも辛抱をする訓練をさせておりますが、近頃の子供達は私の子供時代のように辛抱が出来ません。

辛抱がなければ無我になれません。いい人ほど辛抱強いですし、立派な人たちは辛いことにも耐え、辛抱していてもかくしています。別に犠牲になる必要はないのですが、忍耐は現代社会では忘れられつつあります。子供達が多少坐禅をしたからといって、どういうこともないのですが、大きくなった時に体内にしみこんだ何かがあると思います。

常に自分の心に向かって問うことが大切です。それによって生きる力、生きがいがわいてくると思います。生きがいは自分のものであり、人生も自分のものなのです。

無我に生きることが出来なくても、無我に徹するように努力する人間になっていただきたいものです。その心がけが自分を作り、皆様方の今の心をつくっております。

第十講　不安のない世界

菩提薩埵　依般若波羅蜜多　故心無罣礙　無罣礙故　無有恐怖

遠離一切顚倒夢想　究竟涅槃

菩提薩埵《ぼだいさった》は般若波羅蜜多に依るが故に心に罣礙《けいげ》無し、罣礙無きが故に恐怖あることなし、一切の顚倒《てんどう》夢想を遠離《おんり》して涅槃に究竟する。

菩提薩埵、ボーディサットヴァで菩提は悟りの意味です。悩める凡夫から悟りの境地に至る世界、不安の世界から安心の世界に到達するのです。

赤ちゃんが泣いておる。お母さんに抱っこしてもらった。先ほどまで泣いていた心は消えて安心して笑っておる。この状態も赤ちゃんにとっては一つの菩提である。菩提は心にこだわりのない世界です。

仏教は哲学的に難しく考えていきますと、何もかも難しくなりますが、菩提とは覚《かく》であります。覚の世界が解れば仏教はそれでおしまいだといわれるぐらいです。道徳の世界よりももっと大きな働きをもっていなければならないのです。

菩提薩埵の菩と薩で菩薩といいますが、仏の悟りを求めて修行する修行者が菩薩であります。『般若心経』の教えを聞くためにここへ来られている皆さま方のその心が、菩薩でなければなりません。

仏と同じ悟りへの道、釈尊と同じ道を歩もうとする心が菩提心で、自己に悟りの素質をもっているとみとめて、菩提を得るのだとの自覚のもとに修行するべきなのです。

修行する人が修行者ですが、何も難しい行をするのでなく、『般若心経』の内容に迫って追求して、正しい教えに近づこうとする人が修行者なのです。菩薩は心が大切なのであって、在家のままで仏教の修行をしていく人が菩薩であります。

信仰の対象である仏像が各寺院におまつりしてありますが、観音菩薩、文殊菩薩、普賢菩薩、虚空蔵菩薩、地蔵菩薩、弥勒菩薩といろいろの菩薩がありますが、それらは象徴されたもので、決して菩薩そのものではないのです。真の菩薩は各自の心の中にあるのです。

世の中を救って下さるのが観世音菩薩で、世人の苦しみを救う慈悲の象徴であります。その心は皆もっております。苦しみ悩んでいる人がおれば、何とか力になってあげたい、助けてあげたいと優しい心をもった時には、その人は観世音菩薩なのです。

文殊菩薩は文殊師利菩薩の略で、智慧を司る菩薩であります。智慧は、哲学的にいろんな解釈がなされておりますが、仏教では、生来もっているもので、人から教えられたり学んだりする知識ではありません。その人の人格と深く結びついている知慧で、実践行動の基となるものです。しかも、これは正邪をみきわめる力をもった智慧であって、その象徴が文殊菩薩であります。

子供は知識欲が旺盛で、いろんなことをぐんぐん吸収していきます。大人が、こんな子供がどうして難しいこれを理解出来るのかと不思議に思うことがありますが、その子供に智慧があるからです。子供に玩具を与えるとこわしては組みたてたり、子供なりに工夫しますが、これも智慧がそのようにさせておるのです。

文殊に対して普賢菩薩があります。理《り》・定《じょう》・行《ぎょう》の徳を司り、文殊菩薩と共に釈迦如来の脇侍として白象に乗り、右側におられます。仏さまが衆生済度や教化されるのを助けられ、慈悲の心で実践されるのを象徴しております。

池にはまった子供を見て、かわいそうだと思うだけでは駄目で、自分が池に飛びこんで溺れる子供を救う実践が必要であります。分別を働かせながら慈悲心を実行にうつしていきたいものです。

虚空蔵菩薩は智慧と福徳の象徴といわれております。京都の嵐山の近くにも虚空蔵菩薩をおまつりしたお寺がありまして、十三まいりといって、子供が十三歳になるとおまいりする習慣があります。子供が正しい智慧を身につけ、福徳円満な人格に育つようにとの願いをこめてお祈りするのでしょう。

地蔵菩薩は、観音さまと共に最もよく知られ、一般に非常に親しまれておる名前で、どこにでもおまつりしてあります。お釈迦様の入滅後、弥勒菩薩の出てこられるまでの無仏時代に衆生を導き救う象徴であります。

寺の中にもありますが、お地蔵さまは寺の門前に安置されております。大体野の仏として寺の外にあって、迷える衆生を救われるのが地蔵菩薩の本願であります。延命地蔵には長生きをお願いし、子供のために安産地蔵、子安地蔵など、ご利益を対象としていろいろな名前のお地蔵さまがあります。

弥勒菩薩は現在兜卒天《とそってん》におられ、釈尊滅後五十六億七千万年後にこの世に出てこられ、釈尊の救いにもれた人々を救うために三世の説法をされるという未来仏であります。大きいお腹でにこにこ笑っておられる布袋《ほてい》さんがありますが、弥勒菩薩の化身といわれております。京都宇治の万福寺の仏殿の中央にこの布袋さんをおまつりしてありますが、弥勒菩薩と同じであります。

この他にもいろいろの菩薩がありますが、すべての菩薩は皆様方の心の中にそなわっていなければなりませんし、そなわっておるものであります。

仏には如来、菩薩、明王《みようおう》、天とあり、別に位があるわけではないのですが、一応位置づけられております。

如来は真理を悟られた覚者で、釈迦如来、阿弥陀如来、大日如来、薬師如来とかがあります。

菩薩は先ほど述べました。

明王は仏法を守護する仏で、不動明王、愛染明王、降三世明王、大威徳明王、金剛夜叉明王等があります。

天はデーヴァの訳で神々のこと。帝釈天、毘沙門天、日天、水天等。諸天も仏法を守護し、衆生に善いことをすすめるのです。

天の下に人間、修羅《しゅら》、畜生、餓鬼《がき》、地獄とあり、これらは人間の心の問題として位置づけ出来ます。一人の人間の心の中に餓鬼もあれば畜生のような気持ちも持っている。ある時は観音菩薩のような心になり、お釈迦様と同じ如来の心にもなります。餓鬼・畜生・修羅のような心で過ごしておると毎日が不安ですが、菩薩のような心で生きておれば不安はない。これに気がつくように修行しなさいよ、菩薩よと言われるのです。

さて、罣礙《けいげ》とは心をおおう迷い、煩悩です。悟りの智慧によって、菩薩方は煩悩やこだわりも迷いもない。煩悩や迷いや障りも何も心の中にないから、恐れもないのだよとおっしゃるのです。

昔は怖いことのたとえとして、地震、雷、火事、親爺といわれましたが、近頃の父親は優しい。いつも怖いのはいけませんが、けじめ正しく怖さをもつ父親であってほしい。それには子供から頼られる、しかも子供の目からみて尊敬に価することが大切です。昔は炊事も風呂も薪や炭で、家は木造ですから火事が多くありましたし、消火態勢が現在ほど整っていませんでしたから、火事は怖かったのです。最近は建築材料や燃料が違ってきておりますので、火事は少なくなってきており、けっこうなことであります。

雷も昔ほどではなくなりました。現代っ子たちは雷が鳴ってもケロッとしております。地震は最近でも世界のあちこちで発生し、大きな被害も出ております。現代では地震が四つの中で一番怖いものです。これら以外にも怖いものはまだまだあります。お金のないのも不安ですが、ありすぎても不安です。盗られる心配が出てまいります。現代人は心の中に不安の種をたくさん持っております。

現代最大の不安は戦争、特に核の不安です。日本は終戦後四十年を過ぎて、戦争の恐ろしさを実感として知っている人達は老・中年になり、若者達は全く知りません。

ニューヨークの国連本部へ行きました時に、その前にある建物に案内してもらいました。そこでいろいろ説明をしていただき、科学兵器の行き過ぎと、それに伴なう不安、怖さを実感しました。ミサイルが飛べばそれを迎撃して落とすことの出来る設備があり、それ以外にも多くの設備が研究されておるのですが、なぜそこまで研究し造らなければならないのでしょうか。地球をつぶすのも大切にするのも、人間の心なのです。それにブレーキをかけるのは誰なのかということを考えなければなりません。

今政治の問題としてとりあげると大変難しいですが、政治問題よりも人間として人類の立場で考えていかなければならないのです。この地球上に核兵器があってはならないと誰でも考えると思います。ところが、何故核兵器が次々と開発され増えていくのでしょうか。それは、自国がやられないだろうかと心配して防衛するために、造らなくてもよい核兵器を造り、世界のあちこちに核配置をしているのです。

互いに均衡を保つためにという理由で莫大な費用を使用しているのですが、アフリカ・インド等各地の難民のためにその費用の何パーセントかを使えば、どれだけ多くの人が救われるでしょうか。しかし、せねばならないことが出来ず、してはいけないことがなされているのが現状であります。

不安のない世界、戦争のない平和な世界をつくりたいものですが、それには一人一人が自分の心の中から争いの気持ちをなくすことです。そして心の中に慈悲と正しい智慧を持つことです。一人一人が努力しなければなりません。わだかまりをスカッと払いのけ、個人も国もお互いにこだわりをなくすれば、恐れることもないのです。核を持つからこわいのです。どちらも持たないようにすれば本当に幸せですが、なかなか理想通りに出来ないのが人間社会の一つの大きな悪の原因であります。

『法句経』の中に「心に煩悩なく、思慮惑乱せず、善悪を棄捨し、覚醒せる人には恐怖あることなし」とあります。自分の心の中に悩める煩悩もない。自分の思いがまどい乱れることもなく、善悪ということもすべて捨て去ってしまい、目ざめた人であるならば恐れがないのだと、お釈迦様は言っておられます。

これと全く反対なのが現代人で、心は善悪にとらわれ、煩悩だらけで、思いがわずらわしくいろんな雑念でいっぱいであるため、なかなか目覚めないということになります。しかしそのような日常生活を離れて、覚者の世界のあることを知って、菩提心をもって修行専一に思いをもつ人ならば可能性があります。簡単にいいますと、自我を捨てて無我に生きることであります。

善悪の世界をすべて越え、思慮分別して、迷える凡夫の世界をきれいに純粋にしていくのは禅定であり、お釈迦様が修行の最後に到達されたのも禅定であります。この禅定の世界からこそ『般若心経』の空の思想が展開されてくるのであります。禅定の世界になって初めて不安のない世界がわかります。

先ほど静座をしましたが、静座をしながら雑念にふけっていては禅定は出てきません。坐禅の当体が禅定であります。

キリスト教の聖書の中に「明日のことをおもんぱかるな」、明日を思って生きるなよとあります。今日一日を大切に、今日一日を力いっぱい生きていくのです。その場その場で精いっぱい生きて、その場になりきることが大切であります。

私はいつも学生達に「諸君たちは若いんだからもっと燃えなければならない。燃える人生でなければだめだ」と話します。何事も徹することが必要で、徹底して遊べる人間が徹底して坐禅も出来るのだと話すのですが、徹しきりますと不安は全部なくなってしまいます。

人生は菩提・覚・徹です。徹底して遊んだ人間はもうそれ以上遊びたくない。徹底していないので遊び足りないのです。徹底してお金を使った人はもうお金を使いたくないでしょうし、何事も徹底すればそれ以上はもう欲しくないはずですが、どこで徹するかの限界があります。

誰でも自己の限界は知っており、自分の体力もわかっているものです。それと同じように自分の能力も知っている。自分はどのぐらいのランクにおるのかも皆わかっていますが、それを間違うと苦しみが増えます。それで、それは自己中心に生きているからで、それほど自分を大切にしておるのですが、では命をも本当に大切にしているのでしょうか。

この地球が生きておるから、我々も生きておるのですが、生物が生存出来なくなる時があるのです。不安のない世界にするには環境も大切であります。

最近、地域社会の環境の開発といわれますが、実際に環境はよくなっているでしょうか。開発が進みすぎて自然破壊になっては、何のための開発でしょうか。またそれと同時に、公害問題も解決しなければなりません。身の周りを住みやすく生物が生きやすいようにすれば、それを拡げていけば最後は地球上全部に拡げることが出来るのですが、これは願いであります。

みんなが種々の不安を持ちながら生きておるのが現代社会であり、そこから抜け出ることが出来ないのも現代人であります。そこで先ず自己の不安をとり除くには、お釈迦様の言われる生老病死を脱却することです。「生死の中にあって生死なし」とは道元禅師の言葉ですが、この言葉の世界、即ち覚の世界をどうすれば克ち得るか、それは菩提心であります。

「一切」というのはすべてという意味ですが、元来はこの字は『般若心経』にはなかったのです。玄奘三蔵法師の訳には「一切」はなかったそうですが、後に日本へ入ってきてからわかりやすいのでこの字を入れたらしいです。韓国の国宝の『般若心経』を版木で刷ったのをいただいたのにも、一切はありませんでした。

「顛倒夢想」は、ありもしないことを、あるように思ったり、逆さまなことを思ったりすることです。

顛倒には、常顛倒・楽顛倒・我顛倒・浄顛倒の四つがあります。

常顛倒は無常の否定です。この世は無常であり、それ故に生じたものは必ず滅し、会ったものは別れます。生者必滅、会者定離でありますのに、そうではないと否定しますとひっくり返ってしまって、常顛倒になります。

楽顛倒、世の中には生老病死をはじめ四苦八苦がありますのに、それを逆に考えて楽しいことばかりだと思うのが楽顛倒であります。世の中には何事をも全く苦にしないで、朝から晩までにこにこしている人がいて、はた目には気楽に見えますが、それも外見だけで笑いの中に悲しみ苦しみをかくしていることもあるのです。釈尊の言われた生老病死苦は正しいのです。

我顛倒、我は自我のことです。仏教は我をなくした無我に生きて、何もかも平等にみよと教えますが、なかなか無我になれませんし、独占欲も強いです。無我の世界を否定して生きていくならば、それが我顛倒であります。

浄顛倒、浄ですから逆に不浄ということになります。人間は外面をいくら飾っても、きたないものであります。不浄とは有漏《うろう》ということで、有漏は煩悩のことです。

一休さんのうたに、

有漏路より無漏路にいたる一休み

雨降らば降れ風吹かば吹け

有漏ですから煩悩・不浄の悩める人間、無漏は悟りの境地、目ざめた境地です。煩悩から悟りに至る道の一休み、雨が降るなら大いに降ればよい、風が吹くなら大いに吹けばよいじゃないか。この一休みから一休という名前がついたといわれますが、真偽のほどは定かではありません。

煩悩のままではあるけれど、煩悩から抜けきって悟りの境地に至ろうとする菩提心は必要です。現実の社会をみれば、雨が降っておるではないか、嵐が吹いておるではないか。社会は煩悩だらけだけれど、それも大いによかろうと受けとめるならば、それは大した人であります。

人のために一生懸命つくし、菩薩のような心境で生きていくならば、この世の中には一かけらの不安もないのだという自信がわいてくるのです。苦労のどん底、暗黒のまっただ中におるならば、その暗黒にも気がつかないものです。それほど徹底しなければならないのが求道のための修行であります。

「涅槃」はニルヴァーナ、火の消えた状態です。ここでいう火は煩悩で、欲望に燃えておりますが、やがて消え去って静寂になる、円寂の世界。これが涅槃です。生きておりながらそのような境地に至るのが涅槃です。

ところが涅槃というとすぐに、死にひっつけてしまうからいけないのです。涅槃は決して死でなく、生なのです。

我々の日常生活における煩悩が、菩薩行する心によって一つ一つ消え去りとり除かれて、ついに煩悩の一かけらもない世界になりますが、その世界を涅槃といいます。

究極のところ、最高のところ、もうそこからいきつくことの出来ない世界ですが、これは心を現わしております。

修行者よ、菩薩方よ、そこまで徹しなさい。諸々の菩薩がありますが、皆様方の心の中に誰にも負けない尊い心があるはずです。いや全部もっておると言う人があるかもしれませんが、全部もっておれば如来です。菩薩はあくまでも願心をもって生きており、その願心が全世界を包んでおります。

第十一講　尊厳なる自覚

三世諸仏　依般若波羅蜜多故　得阿耨多羅三藐三菩提
故知般若波羅蜜多　是大神呪　是大明呪　是無上呪
是無等等呪　能除一切苦　真実不虚

三世の諸仏は、般若波羅蜜多に依るが故に阿耨多羅三藐三菩提《あのくたらさんみゃくさんぼだい》を得たもう。故に知る般若波羅蜜多は、是れ大神呪《だいじんしゅ》なり、是れ大明呪《だいみょうしゅ》なり、是れ無上呪《むじょうしゅ》なり、是れ無等等呪《むとうどうしゅ》なり。能《よ》く一切の苦を除き、真実にして虚しからず。

こうして『般若心経』の心を勉強しておりますが、般若の心をつかむことは出来ません。つかもうと思ってもフイと抜けてしまう。あるいはその瞬間はつかめたと思っているけれども、翌朝になればどこかへいってしまったということになります。それは自分の心をつかむことが難しいからであって、『般若心経』が悪いのではなく、自分の心が悪いのであります。『般若心経』はわからないけれど、自分の心がそれほど厄介なものであると気がついただけでも大したものであります。

『般若心経』が説こうとする空の思想は、人生にとって最も大切な問題です。だれもが一生懸命生きておるけれども、本当にこれでよかったと思える人が何人おるでしょうか。それは般若波羅蜜多、空の思想がわからないために満足出来ないのです。

「三世の諸仏」とは、過去、現在、未来の仏さまがたです。過去からの因縁によって今日現在があり、現在が未来につながっていくのであり、無限の果てしない時間を三世という言葉の中にみていかなければなりません。

「南無三世三千の諸仏」というのがあります。これは過去千、現在千、未来千を合わせて三世三千のもろもろの仏様がおられるからで、授戒会では、この三千諸仏を唱えます。

キリスト教は一神教でありますが、仏教はあらゆるところに仏様があり、あるいは八百萬の神をもっております。森羅万象すべて、この地球上だけでなく、この空の向こう宇宙にも広がっているのです。それほど仏教の考えは大きいのです。

三千の諸仏でもまだ足りないということになります。この地上には東西南北の四方に上下天地がありそれらを合わせて四方八方です。三世をつらぬいて四方八方が無限の時間でもあり、無限の空間でもあるのです。この時間と空間の大きさを考える時、日常生活のトラブルなど些細なものであります。

般若波羅蜜多即ち悟りの境地に至るためには、一人だけではだめで、過去七仏がおられました。禅寺では朝課といって、毎朝お経をあげますが、その時に逓代伝法《ていだいでんぽう》といって、六仏、お釈迦様からずっと法を受けつがれたお弟子様方、二十八代目に達摩大師、そして中国の臨済禅師や日本の祖師方のお名前をずっとおよみしておるのです。

釈迦牟尼仏の前の過去六仏は毘婆尸仏《びばしぶつ》、尸棄《しき》仏、毘舎浮《びしゃふ》仏、拘留孫《くるそん》仏、拘那含牟尼《くなごんむに》仏、迦葉《かしょう》仏、そして釈迦牟尼仏が入られて七仏となります。

密教の曼荼羅の世界では、たくさんの菩薩像があります。仏様のお姿を曼荼羅に表わしておるのです。その仏様はどうなのかというと、「阿耨多羅三藐三菩提を得たもう」となります。「阿耨多羅三藐三菩提」、阿耨多羅は無上、三藐は正等、三菩提は悟り、正覚ですから、無上正等正覚ということになります。古くは無上正遍智と訳していました。尊厳なる普遍的自覚でありますが、これを自分のものとするには、なみなみならぬ修行をしなければなりません。

専門道場で、冬でもがまんして素足で草鞋をはいての修行を、五年十年してもわかるものではありません。簡単に普遍的自覚といいますが、そんなに容易に自覚できるものではありません。それほど人間は厄介なものですが、お釈迦様は体得されたのです。

比叡山はお山そのものが聖地で、樹齢何百年の樹木の中へ入りますと、霊気がただよっているような気がします。日本の仏教は比叡山から始まったと言ってもよいほど、日本の各宗派の祖師方は叡山で修行されたのです。冬の寒さは特に山に篭る身にはこたえます。しかも山は湿度がきついので、そのために体は弱ります。三年間病気をしなければ耐えられるそうですが、肉体的に耐えられない者は三年以内に病気になって山を下りるといわれております。

自然の厳しさに耐えるだけでも大変な修行でありますが、そういうところをくぐってこないと菩薩方の苦労はわかりません。その比叡山の御開祖であります伝教大師最澄のお歌に

阿耨多羅三藐三菩提の仏たち
わが立つ杣《そま》に冥加《みょうが》あらせたまえ

尊厳なる普遍的な自覚を得られた仏様たち、そこで修行しておる自分にどうかその力を与えたまえ、とよまれております。世の中には立派な人がたくさんおられるので、その方たちに近づいていくことです。貧富や社会的地位等は関係ありません。心や道の上で立派な人に会うことが自分を向上させることにもなるのです。伝教大師はまさにこのところを見事に、この歌によみこまれておるのであります。

「故知」、故に知る、以上の理由で次のことがわかった。

「般若波羅蜜多是大神呪」、正しい智慧で正しい修行を完成しその道に至ることは、そこに偉大なるすばらしい呪文があることを知らねばならない。大神呪はマハーマントラ。マントラは呪、真言ということで、偉大なる精神的霊性呪文であります。

「大明呪」、マハーヴィドヤー・マントラ。無明を打ち破って真実の智慧を信仰の力をもったすばらしい呪文である。

「無上呪」、アヌッタラ・マントラ。この上ない最高の呪文である。

「無等等呪」、アサマサマ・マントラ。他と比較することが出来ないほどすぐれた呪文、即ち真言であります。

呪文とは次に出てくる「羯諦《ぎゃてい》羯諦《ぎゃてい》波《は》羅《ら》羯諦《ぎゃてい》波《は》羅《ら》僧《そう》羯諦《ぎゃてい》菩《ぼ》提《じ》娑《そ》婆《わ》訶《か》」のことですが、その前に、すばらしい、比較することの出来ない、と非常にほめたたえておるのです。意味そのものはこのように訳することが出来ます。

呪は真言、まことですが、まことの力とは霊的人格より出た力でなければなりません。正しい信心の底から出たものでなければ真言ではありませんし、頭だけの理解では駄目で腹の底から本当にわかったというものでなければなりません。まじないという意味もありますが、普通一般にいう怪しげな効力を期待するようなまじないでは決してないのです。真言は全身全霊で知るということであり、呪には力《りき》、エネルギーがあります。

呪文のことを陀羅尼《だらに》といいます。だから呪文のところだけは訳していません。音写のままです。

「ナムアミダブツ」と念仏を唱えますがこれも一種の呪になります。

皆様方、子供の時にダラスケとかダラニスケとかいわれる黒い薬を飲まれた経験があるかと思います。これは陀羅尼をとなえる時に、睡魔を防ぐために僧侶が口に含んだものでありますが、後に腹痛の薬となったのです。その薬を子供に飲ませる時、お母さんは、「これはよく効くいい薬なんだよ、飲んだらすぐなおるよ」と言いますが、子供はその言葉だけでもう半分なおったような気になるものです。母親の言葉だから子供は信じるので、薬の効用以上に効くのです。

現代文明の届きにくい、医者もいない、薬も入手しにくいような地域が地球上にはまだまだありますが、そういう現地の人とつき会いした日本人が持参の仁丹をあげると、頭痛・歯痛・腹痛、何にでも効くことがあるそうです。その人たちが平常あまり薬を服用しないので効きめが強いということもあるでしょうが、与える方に威力があって「ああこの人がくれるものならよく効く」と信じきっておることも一つの理由ではないでしょうか。

そのような威力が呪文の中にはあるのです。科学がいくら進歩しても科学で解決されないものがあります。霊力と呪文は実際にあります。

人間の科学的な力を集めて、月まで行けるロケットを打ちあげるまでになったが、反面原爆、水爆を造り、核ミサイルが出来たと思えばそれを途中でおとすミサイルまで開発し、戦争のための兵器は恐ろしいまでに進歩しています。

アメリカでもソ連でも国民はみな戦争は嫌なのです。誰もが戦争を止めてほしいし、また平和であってほしいのですが、ややもすると人を押しのけて、がむしゃらに進もうとする人たちが出てくるので危ないのです。戦争が起きる危険をはらんでいます。だから争いをなくしていこうと一心に唱えていく呪文でなければなりません。そういう呪文であるならば、普遍的といえます。

一人よがりではありません。みなが理想としておる願いごとが呪であります。

この世で比べるもののないすばらしいものとは一体何でしょう。人生において最高のものとは何でしょうか。これはわかっているようで、わかりにくいのです。幸せとは一体何でしょう。身近にあるといわれながら、それがわからない。これがわかれば人生は卒業したともいえますし、悩みも苦しみもなく生きていけるのです。

人間の真実の生き方とは何だろうかと、みな探っております。芸術家は芸術的に立派な作品を制作し、後世に残すべく努力しておるでしょうし、宗教家は、迷える人々を救い導けるよう働き、自分自身も宗教的な修行を積んでおりましょう。政治家は政治上において市民の暮しを守り、市民と共に平和に暮らすべく政治手腕を発揮するでしょうし、経済学者には経済学者としての道が、会社の経営者は経営することによって人類のために貢献しています。

それぞれの天職を全うするのが幸せであり、真実の生き方だと思います。母親は家庭にあって、家族の面倒をみ、子供を育てることが無上の喜びでしょうし、学生は勉強して好結果が出れば嬉しく幸せだと思うでしょう。各自の現在の環境での仕事を精いっぱい自己満足出来るほどしていけばよいのです。他の人のことをうらやんでも、真似しても、自分は他の人にはなり得ないのです。そして極限において自分を眺めてみるのも時には大切であります。

昔の話ですが、播州、今の兵庫県西部に瓢水という俳人がいました。この方は非常な金持ちの家に生まれ、家を継いだ時には千石船が五艘もあったといわれ、庭も立派で倉も八つもある邸だったそうです。風流人の瓢水が継いでからは遊んでばかりいるものですから、一年たち二年たつうちに船が一艘へり二艘へりして、遂には船ばかりか家まで売ってしまいました。しかし貧しくなってもくよくよしないで、悠々自適の生活だったそうです。

倉を売った時の句に、

倉うって日当りのよき牡丹かな

何の執着もなく牡丹をじっと見ています。なかなかいい境涯です。

出家して雲水になる志はあったのですが、実現しませんでした。しかし、その志は高く評価出来ると思います。

生死の問題ぐらい平気でおれるほどの境涯の人でしたから、当時瓢水は境涯の立派な俳人として世人によく知られておりました。その彼が風邪をひいたので薬を買いに出かけようとした折に、一人の雲水が訪れてきました。そこで、「ちょっと待ってくれ、そこの薬屋まで行ってくるから」と言って瓢水は雲水一人を家に残して小走りに出かけました。待っておった雲水は「まだ帰ってこないな。瓢水は生死を解脱してゆうゆうと生きており、命なんぞは達観しておる風流人だと思っておったのに、ちょっと風邪をひいたぐらいで薬屋へ行くような、そんなつまらん俳人であったのか」と思ってしまった。そのため瓢水の帰りを待つ気をなくして、近所の人に「瓢水は風邪をひいたぐらいで、客である私を待たして薬を買いに行ってしまった」と伝言を残して去ってしまった。

雲水が去った後、瓢水は帰ってきて、隣人から雲水の言葉を聞いた。まだ近くに雲水がいるかわからないからと、一句を書いた短冊を隣人にもたせて雲水を探しに行かせた。その時の句が、

浜までは海女《あま》も蓑《みの》着る時雨《しぐれ》かな

まだ近くにいた雲水をつかまえてその短冊を手渡した。何度もその句をよみ返しているうちに雲水は自分が誤解していたことに気づき、瓢水をあらためて尊敬し、再びもどって来て二人で一晩中語り明かしたということです。

人間が生死の問題を解決してしまえばこの体はどうでもいいように思うが、本当は死ぬまでこの体と心を大切に保っていかなければならない。ほったらかしでよいということではない。

海にもぐる海女は、海中へ入ればどうせ濡れるのだから雨に濡れてもよさそうなものだが、浜までは蓑をつけて雨に濡れないように用心をする。その心が大切なのであります。科学的に物事を考えていきますと、どうせ濡れるのだから、雨にうたれながら行けばいいということになってしまいます。

人間もどうせ死んでしまうのだから、死ぬまで無茶苦茶に生きればよいというものではない。この体に何不足ない満足感をもって大事に保っていかなければならない。そういう気持ちをうたに託したのがこの俳句です。これは瓢水そのものの心境であります。

人間はこの体の中に心がありますが、心も病みます。その心の病いをなおすように死ぬまで努力すべきです。自分の心の病いはどうせ死んでしまえばなくなってしまうのだから、ほっておけ

ばいいというのではいけない。死ぬまで大切に、そして悪ければなおすことです。人生においてそういう大きな心境を瓢水はつかんでおったのです。

先日ドイツ人が私の寺を訪ねてくれまして、禅堂でしばらく坐禅をしたのですが、禅堂から出てきましたら私に質問をするのです。「向こうにある円いものは何か」「あれは風呂をたくカマです」。いわゆる薪を燃やして風呂をわかすのだと。しかし彼はわからなかったのです。「アウトサイド・クリーニング」、体の外側を洗う所だと言うと理解出来ました。そして先ほどの禅堂はインサイド・クリーニングで心の洗濯だと話したのですが、我ながらうまいことを言えたと思ったものです。現代はまさにインサイド・クリーニング、心の洗濯が欠けています。『般若心経』をよむのもインサイド・クリーニングです。これが現代人に大切なのですが、縁がなければその大切なことに出会えないのです。『般若心経』で心のクリーニングをしなさいと言っても、出会わなければ出来ません。

マントラ、呪は誰もがもっております。『般若心経』の中にあるだけでなく、みんなの心の中にあるからなるほどとわかるのです。よく勘が当たったといいますが、その勘は正しいもの、尊厳なものでなければなりません。勘の中で一番鋭いのは直感でありますが、常に今を生きていなければ直感は出ません。極限に達していなければ出てきません。直感は「今」です。あまりにも恵まれすぎて、何も不満がないとかえっていけません。しかし現実問題として、はた目には恵まれて不満などないようにみえても、当人には何らかの不満不足があるものです。恵まれた生活をパラダイスとすると、お釈迦様の言われる呪文から遠のいてしまうのです。無理して極限に立つ必要はありませんが、私はいつも極限に立って生きるか死ぬかの生活をしております。

いつも十二月が近づいてまいりますと、かつて修行してきたことを思い出します。臘八の大接心といいまして、十二月一日から八日の朝まで、晩も横にならず修行したことが脳裏からはなれません。それは極限に達してにっちもさっちもいけない、前へも後へも行けないほど理性をたたきつぶされるのです。理性は大切でありますけれども、一度その理性をたたきつぶすことが必要であり、その実践が我々にとっては臘八の大接心ということになります。臘八大接心を禅の専門道場で十二回くり返してきましたが、理性というものはちょっとやそっとで叩きつぶせるものではありません。

危険にあったいざという時、何を頼りにするか。呪、マントラです。そこにかろうじてすがっておる自分自身をみつけます。極限に達した時は、立派な旦那さんでも愛する子供でも頼りになりません。生きるか死ぬかの時にはだれをも頼りに出来ません。自分しか頼りにできないのですから、自分に言いきかせなければなりません。そこに呪が自ずから出てくるのです。マントラの世界が出てきて、苦から救われることも出来るのです。

「能く一切の苦を除き真実にして虚しからず」とありますが、このすばらしい呪文を唱えるその力に浴するならば、一切の苦しみ悩みをすべて除き去ることが出来る。そうすると真実にして虚しからずということになるのです。虚無ではないと説かれておるのです。

ここに至ってはじめて生死をはなれ悠々とした生活が可能であり、立ちかえる己れの存在がわかります。

極限に一度身をおいて確かめる実践なしに般若の空はわかりません。阿耨多羅三藐三菩提の世界にも至らないし、尊厳なる自覚ももちろんわかりません。ただ尊厳なる自覚とは皆様方の五体の中に立派にそなわっておるのです。その立派な尊厳なる普遍的なものに気がつけばその日から、こだわりのない生活をしていただきたいものです。

人は出会いによって毎日を送っておりますが、その得難い出会いは常に呪、マントラという願力によって可能になっておるといえます。人間は誓願ということが大切であって、そこにこそマントラの世界は生きています。横になって寝ている時に呪、マントラの世界が生きておるのではない。真剣になって生きようとするところに現われております。だから今を大切に、瞬間に生きるべきなのです。今を大切にする心が連続して人生わずか五十年、六十年、七十年、八十年と生き続けておるのです。

聖徳太子が「世間虚仮　唯仏是真」、世間のことは皆仮りのものだよ、唯この仏の心に自ら目覚めるそれだけが真実だよ、と言われました。これは有名な言葉です。

世の中には良いこともあれば悪いこともあるが、それらはみんな仮りのものだ。浮いたり沈んだり泣いたり笑ったりすべて真実でないのだ。目覚めること悟りこそが真実なのだ、この世のまことであるということになります。

この気持ちを忘れることなく生きるならば、毎日の生活が変化してきます。たとえ難題がもちあがっても、まっ向から立ち向かって解決出来ます。別に逃げる必要はないので、生きておることは、いろんな問題をかかえておるということです。その問題の中に解決の糸口をみつけて生きていきたいと思います。

三世の諸仏もこの偉大なる叡智によって、尊厳なる普遍的人格を自覚されたのでありますし、だからその偉大なる叡智こそ最も神秘的な呪文であります。最も光輝ある呪文であります。地上最高の呪文でもあると釈尊は言っておられます。他に比較の出来ない呪文であり、この呪文が世の一切の苦難を排除することは正しい真実であって、一点の虚妄もありません。

第十二講　彼岸に到る

故説般若波羅蜜多呪　即説呪曰　羯諦羯諦　波羅羯諦

波羅僧羯諦　菩提娑婆訶

故に般若波羅蜜多の呪を説く。即ち呪を説いて曰く、

ガテー　ガテー　パーラガテー　パーラサンガテー　ボーディ　スヴァーハー

「羯諦」は行く、「波羅」は彼岸、迷える凡夫から悟りの境地に至る。「波羅僧羯諦」はちゃんと向こう岸へ着いた。「菩提娑婆訶」は悟りそのものに栄光あれ。

行きついた行きついた、悟りの向う岸へ行きついた、みんな悟りの彼岸へ行きついた、悟りに栄えあれ。

意味としてはこのようなものでありますが、玄奘三蔵はこの部分だけは原語そのままを音写し

ており、漢訳しておりません。それは呪文という人間の理性では理解出来ない、もっと深い尊厳なものにしまっておくために、わざと訳することをしなかったのです。言語ではどうしてもその言葉にとらわれてしまいます。日常生活においても、ぎりぎりのところは文字、言葉で表わすとは出来ません。教えるにしても体得するように教えなければなりません。

料理にしても、名人の秘伝といわれるものは最後のギリギリのところは教えない。武芸にしてもそうです。秘密のもの、隠されたものがあります。そこのところは自ら自覚するより仕方ないのです。ここでいう『般若心経』の極意は「羯諦羯諦波羅羯諦波羅僧羯諦菩提娑婆訶」の呪文であります。

一人で悩むというよりも、一人で解決出来ない問題が出てくると思います。友達と話をするにしても、いくら親しくても言えないことがあります。親子の間でも言えないことがあり、誰にも打ち明けることが出来ず悩んでいますといきづまってきます。

『般若心経』の呪文を心の中で真剣に唱えるならば、純粋な願いごとならばかなえられるものです。窮すれば通ずるということがありますが、これも世の中にはインチキが多いので、インチキにひっかからないようにしなければなりません。

チベットから亡命してインドに住んでおられるダライ・ラマは世界各地をまわっておられて、日本にも来られました。日本で講演された時、私も聞く機会がありました。仏壇に向かってお経をよまれるのですが、チベット語ですのでよくわかりません。呪文のように聞こえるのですが、それが非常にいいのです。神秘的なものをそこから受けるとることが出来ました。呪にはそういう目に見えない威力があります。

皆様方も家族間で困ったことがありますと、仏檀に向かって『般若心経』の呪をくり返して熱心にあげておりますと、もし子供がそれを見れば必ず子供の心に響くものがあるはずです。そこに教育があるのです。父親あるいは母親の後姿をみて子供がはっと心うたれれば、そこに親子の間の信頼が生まれます。ただそれには、心うたれるものの中にある本体に、純粋な正しく生きていこうという願いが入っておるかどうかが大事です。だから願いごとが正しくなければなりません。

十二月、師走になりました。これは先生が走るといわれますが本来はそうではありません。和尚様が走るのです。盆と正月が一緒に来たような忙しさという語がありますが、いわゆる正月前に準備をしなければなりませんから年の暮れは忙しく、ばたばた走りまわらなければならないのです。

忙しいという字をちょっと見てみましょう。りっしんべんに亡くすると書きます。りっしんべんは心ですから心を亡くすと忙しくなるのです。忙しい時には心を失いがちになります。

心を失うといえば、これを逆さまにするとまた面白い。心を下へもっていくと忘れるという字になります。用事を頼んで「あ、忘れた」と言う時にはその人が忠実な心でなかったということです。どうでもいいわという心なので忘れてしまったので、ものを頼んだら間違いなくきちんとして下さるという人は、心をちゃんともっているから忘れないということでもあるのです。

人間には『般若心経』でいう眼耳鼻舌身のいわゆる五感がそなわっていますが、この五つにはそれぞれ口があります。目にも入口もあれば出口もあります。目に光が入ってくるので見えますし、耳も穴があいているから聞こえるので、耳をふさぐと聞こえません。鼻も鼻孔があいているから香がわかりますし、口もあいているから食物を食べられるし、しゃべることも出来ます。ほしくない時は口をふさいでおりますと食べ物は入りませんし、感覚はわかりません。そうすると身、体はどうでしょうか。

人間には三百六十の骨節、八万四千の毫竅《ごうきょう》があると『無門関』には書かれております。三百六十の骨っぷしと八万四千の毛穴があるといわれております。毛穴で皮膚呼吸をしておりますから、やはり体の表面にも口があります。

そうすると五つの口を持っており、吾という字になります。感覚を持っておるから吾の存在が出てきますが、感覚がなければ吾という存在はありません。

私がなくなると他人という意識もなくなり、この吾が無心なる境地でおるならば、悟りになります。この吾が純粋な気持ちになって心があるならば悟りです。迷いではなく彼岸ということになります。吾がなかなか無心にならないために困るのです。

十二月八日は我々仏教徒にとって最も大切な、仏陀が悟りをひらかれた成道の日であります。ブダガヤの菩提樹下で坐禅をされて禅定に入られ、暁の明星をご覧になって忽然として大悟された日であります。修行を完成されたのです。

我々禅僧にとって十二月がめぐってきますと必ず毎年、かつての修行を思い出します。僧堂で修行した経験を有する者はすべて同じだと思います。十二月八日の成道にちなんで、十二月一日から八日の鶏鳴といわれる午前三時頃までぶっ通しの修行をします。不眠不休ですが、不眠不休の修行を五回、十回したところでそう簡単に成道には至りません。禅の方では坐禅が中心ですので坐らせるのです。

十二月一日から始まりますので、前日十一月三十日に修行僧を全部集めて老大師がこんこんと垂訓をされます。「いよいよ臘八の大接心になりました。お釈迦様が十二月八日暁の明星をみられて忽然と大悟されましたが、それにあやかって皆様方修行者よ、全身全霊で励んでみよ」と垂訓されます。

その後で修行僧の中で十年、二十年近く修行した一番古い先輩が修行僧に向かってまた垂訓されます。訓示を与えるわけです。「いよいよ向こう一週間臘八の大接心と相なりました。この臘八の大接心は古来より命とりの大接心といわれております。いつ死んでもいいような覚悟で修行せよといわれます。接心というのは一週間ぶっ通しで心を一つにおさめて励む期間をいいます。そこでお師匠さんにいつ死んでも荷物が届くように整理をしなさい。そして名札をつけておきなさい」。

二回、三回と経験した者はわかっておりますから「ああ辛いな」と覚悟を新たにしますけれども、何も経験していない初めての新到さんは先輩たちから輪をかけておどされます。「死んでしまうかもわからんから荷物を整理しとけよ。荷札をつけとけよ、送ってやるから安心しとけよ」と言われ、二十歳過ぎた大学卒業したての若い雲水はブルブルふるえますが、それほど厳しいのです。

荷物を整理するといっても、柳行李一つ分ぐらいしかありません。個人の所有物は制限されます。その少ない荷物を整理し、荷造りして荷札をつけるのですが、その時の気持ちは深刻です。受業寺とお師匠さんの名前を書いて「これが本当に届くんかいな」と思ったりしますが、それほど緊迫するから続くのです。一週間だらだらとしていたら続きません。

そしていよいよ、「皆様方が使っておられる布団をおあずかりいたします」ということになります。布団といってもかしわ布団ですので、真四角のを半分に折ってまん中に入って適当に寝るのです。僧堂ではその布団一枚しかありません。今は適当にまん中に毛布を使ったりしていますが、通常はかしわ布団一枚です。僧堂からその一枚きりを貸してもらっておるのです。

平常はこんなせんべい布団一枚と思いますが、あずかっていきますといわれて渡すとなりますと、せんべい布団でも恋しくなります。ましてや寒さが厳しいですし、一週間布団なしでどうしようかと思います。えらいことになったなと思っても仕方ありませんし、覚悟をきめます。

そして一日目を迎えます。坐禅が始まります。もちろん外出は許されません。坐禅堂と食堂、それから参禅問答のあるところの場所の三カ所ぐらいしか許されません。二便往来(便所)は許されます。他の部屋へうろついたり、庭先へ出ることもだめです。

覚悟をきめたものの、人間は厄介なもので、そうスムーズにいくものではありません。一時間、二時間と続けて、七時間、十時間となると苦痛です。午前一時から三時半頃まで坐禅の姿のままで、単縁《たんぶち》にもたれて仮眠するだけで横になるのも許されません。

一日二日は腰が痛いとか痛くないとかいうより、どうにもならないのです。体のあちこちが痛み、やっと一日すんだ、二日過ぎた、あと何日あるかばかり数えています。そして睡魔におそわれます。坐禅をしていて居眠りするのは当然のことであります。「ねるな」と言っても眠ってしまいます。

直日《じきじつ》が警策をもってまわり、居眠りしている者をそれでたたきます。あ、来たなということが坐っておっても感覚でわかります。そばまで来たから目をあけていなければと思っても、疲れてしまっているので目があかない。すると警策でたたかれます。そうなるともうゆうゆうと寝てしまえと思って寝ているとわざとしていると思うので、すっと通りすぎてしまいます。そうなるとかけひきです。

そういう何ともならない、にっちもさっちもいかないような修行が臘八の大接心です。それが一週間続くのです。托鉢もありません。日に一度老大師の提唱があります。『臨済録』とか『無門関』とかあるいは『碧巌録』の一則を提唱といって講義されるのですが、これは昼下がりにあります。

公案をいただいての禅問答が一日に四回あるのですが、それがまた大変なのです。この禅問答さえなければいいなと思います。禅問答は雲水泣かせです。クイズ番組に出てくる謎解きとは違いますので、下手に答えようものならバシッと老大師の竹篦《しっぺい》でたたかれますし、言葉で説明出来ない心の問題で問答をします。

わずか十秒ぐらい、問答で長ければ一分ぐらいになりますが、それは古い人達で、新到は老大師の前に座るとすぐに鈴を振られてしまいます。このように禅問答はあっという間に終ってしまいます。説明が出来ませんし、説明をするうちはだめなのです。目と目で合図をして、それで合格することもありますし、理屈なんか言っていたらたちまちの間に、老大師が横においてある鈴をチリンと振る。そしたら次の番の者が鐘をカーンと鳴らして入ってきます。そこでまた問答で鈴がチリンと振られ、外で鐘の音が二つカーンカーン。だから先の者が入ったなと思ったらとたんに、もうチリンと聞こえますので、カーンと鳴らす間髪を入れるその空気、耳をすまして待っておるのです。ところが古参の者は長いこと一分ぐらいかかることもあるので、「あいつはうまいこと通ったのと違うんかな」と思ったりもします。こういう禅問答は自分でやらなければわかりません。

世俗的に「振られた」というのは、この鈴からきておるのです。振られたら下がっていかなければなりません。雲水の禅問答がだめだということで、「お前またふられたんか」と言うほど誰もがいつも振られっぱなしです。

普通は朝晩二回ですが、臘八期間中は一日に四回もあるのです。だから本当にゆっくりと昼間に居眠りする暇もないのです。居眠りすれば答をもっていけません。次の時に答えることが出来なければ、禅問答にいく資格はありません。普通なら勉強すれば答は出てきますが、五秒、十秒の答ですが内側からの答えはなかなか出てこないものです。体は疲れるし眠いし答はなしで、何ともいえない気持ちです。

禅問答に行く時刻になると、仲間達は走り出して行きます。臨済禅の場合は、これからいよいよ参禅（禅問答で老師の前に答えにいくこと）が始まりますという合図の鐘が鳴りますと、一せいにぱっと走って出るのです。何事が起こったのかとびっくりするぐらいです。禅堂がしーんとするほど静かに坐っていた雲水が一せいに走って出るのです。

しかし自分の問答の答がわかった者は走っていくけれども、答が出てこない者は走っていったところで仕方がない。じっと我慢して坐るより仕方ない。参禅しても答が言えなければ老師から「しっかりやってこい」と叱られます。

何回行ってもそんなことだからじっとして参禅しない。それをあまり続けていると、一人では人間が抵抗するとなかなかひっぱって行かれないので、修行僧の先輩が三人ほど十五メートルか二十メートルほど、建物の合い間を「さあ禅問答に行ってこい」とひっぱり出される。「行かない行かない」と抵抗します。衣は破れるし無茶苦茶になりますが、そんなもの平気です。にっちもさっちもいかない精神状態になっておるその修行僧を、三人、大きい人なら四人ほどかかってひっぱっていくのです。修行僧は言うこともないのに行かなければならないので一生懸命坐り、何とか自分で解決しようとして必死になります。あんな緊迫した世界はそう他にありません。

臘八中の雲水の魂は気迫に満ちています。心が燃焼しています。四日目から五日目になりますと、眠いのは通りこして下り坂にさしかかったような気持ちです。そんなところへ一たん入りますと何でもなくなってしまい、たくましい精神力ができ、目がぱっちりとあいて眠くなくなってしまいます。そのように人間の体がなるのですから不思議です。

六日目終った、七日目終った、日にちは二十四時間たてば過ぎますけれど、心の問題が解決しなければ、日にちだけ追うていても仕方がない。心の目を開いていかなければならない。苦行だけが能ではありません。七日目も無事過ぎた。

いよいよ八日の鶏鳴の時間にさしかかってきます。禅堂では一日に三、四回木板をたたくのですが、臘八の期間中は一日目の朝一回たたいて、一週間鳴りものを止めてしまいます。八日の鶏鳴の時に一週間ぶりに鳴らすのですが、その木板の鳴るのが待ち遠しいことと、すがすがしいこと。八日間を一日の如くして歩んでいけというしきたりで音を止めてしまいます。その八日の鶏鳴の時に鳴る木板で臘八の大接心は終るのです。

昔、一人の雲水が臘八中徹底して坐禅をしておったが、やがて鶏鳴の板が鳴ろうというのに心が救われない。板の音が始まった。コーンコーン、それでもまだ心が救われない。七五三の鳴らし方なのですが、初めの七つが終ってしまった。次の五つも鳴り出しましたがまだ心が救われない。けれども五つ目が終るか終らない時に「ここだ」と安心を得て、参禅の部屋へかけこんだということです。

そして自分の答を老師に示したら「よし」と言われ、「見処、まさにお前の心境はそれでよし」と透過したということです。七五を打って次の三を鳴らさずに「待ってくれ」と言ってきたものですから、そこの修行道場は今でも七五で終っておるのだと聞いております。そういう熱心な修行者がかつておったということを後世の修行者たちに伝えるために、そうしておるのです。一週間ぶっ通しでやってもどうにもならないというといましめと、最後まで熱心にねばりをもって修行する精神力を教えております。

初心者の人は坐禅を始めますと、雑念がいっぱいわいてきます。街でショッピングをしている方がよほどスカッとしていると思うほど過去のことや忘れていたことが思い出され、次々と頭の中に浮かんできます。静かに坐ると、不思議なぐらいいろんなことが思い出されてきます。無心な境地とはほど遠いところにあるからこそ修行しなければなりませんし、そこに生きがいがでてくるのです。

昔、白隠禅師の在家のお弟子に山梨平四郎という人がいました。白隠さんは昭和六十年が生誕三百年で、バッハと同じ年に生まれていられます。静岡の沼津市の郊外の出身です。平四郎も駿河の出身で、村長をするような立派な家柄で、現在も末孫がおられるそうです。

平四郎は家柄もよく、山や田もあり、何不自由ない生活で村人からも信頼されていたが、一つ欠けていたものがあった。それは信仰で、信仰心を持つよう言っても聞かない。そこで菩提寺の和尚様が「お前さまは立派なお人だが信心が足りない。それで村の人が信仰の対象とする不動尊をつくりたいと言っておるが、お前さん寄付してくれないか」「よろしい、お金はいくらでも出しましょう」ということになり、お不動さまが出来た。

村の衆が集まって開眼供養をしようということになった。村の奥の吉原山中の滝の近くに建立されたのでしょう。無事に法要もすまし、村人たちと一緒に平四郎もお祝の盃を口にしていたが、村人たちと共に浮かれて喜ぶ気になれない。

不動さんをおまつりしている横の滝壺の所へ行って、何気なく水の流れを見ていた。上から水がずっと流れ落ちてくる。いつもは気がつかなかったが、その水が滝壺へ落ちるとしゃぼん玉のような水玉がたくさん出来ておる。大きな水玉もあれば小さいのもある。それらが流れていくのを何気なく見ていると、一尺流れては消える。二尺三尺流れては消えていく。流れ流れていつかはすべて消えてしまう。それを見ていて無常感におそわれ、人生もかくの如しと思うのです。

生まれてすぐ死ぬ赤ん坊もおれば、十代の若さで死ぬ子供もいる。あるいは五十、六十、そして八十、九十と長生きする人もいるが、やがて皆死んでしまわなければならない。谷川で流れながら消え去っていく水玉のようなものだと考えると、居ても立ってもおれない。そこで一人しょんぼりと我が家へ帰るのですが、途中小さい庵があり、その横を通ると中から読経の声が聞こえてきます。

耳をすまして聞いていますと「沢水《たくすい》法語」の中の言葉ですが「勇猛の衆生のためには成仏一念にあり、懈怠の衆生のためには涅槃三祇にわたる」。勇ましい猪のような気持ちで猛烈に修行していくならば、悟りなんぞは目の前に出てくる。怠けてのらりくらりと日暮しておるようでは、それこそ猫の年がきても悟れんわいということです。生きておる時にも悟れなければ、来世になっても悟れるものではない。この言葉を耳にした平四郎は家へ走り帰った。

そして普段客用にしていた風呂場へ行き、誰も入ってこないように内から錠をして、先ほど耳にした沢水法語の言葉に心が動かされて、今まで坐禅したことも、人から教えられたこともなかったけれど、何でもこういうものだろうと、足を組み背すじを伸ばして格好だけは坐禅の姿をして、一時間二時間続けた。夕方になりあたりは静かになり、だんだん夜も更けたが眠る気にならず坐り続けた。夜が明け二日目がやってきた。しかし外へ出る気にもなれないし、食事も欲しくない。そして二日目も徹底して坐りぬいて猛烈に励んで徹夜してしまった。

あたりが明るんできたので、三日前にかけた錠をはずして外へ出た。辺りは静寂な空気に包まれて雀はチュンチュン鳴いているが、いつも聞きなれておる声とは違う。庭先にある木の落っぱもいつもとは違ってみえる。目に見るもの、耳にする音すべてがいつもと様子が違って新鮮であり、三日三晩の全身全霊をこめた坐禅の後、初めてこんなすばらしい境地になった。何十年と生きていたが未だかつてこんな心境になったことはなかった。

そこで近隣の和尚さまにその心境を話したところ、「わしは経験したことがないのでわからん。

そういう話だったら原に白隠という立派な禅僧がおられるから、その方にお目にかかって話したら」と言われた。

薩埵峠を越えてまわりのきれいな景色にも目もくれず、駕篭にゆられて原まで行った。松蔭寺に白隠をたずね、不動尊のことから今までの体験を話した。「それだ、それが見性《けんしょう》なのだ。お釈迦様がひらかれた悟りの境地はまさにそういうものだ。近来まれにみる見性者だ」と白隠が証明されたということです。

そういう事実があったものですから、白隠が『臘八示衆』という本の第五夜のところにこの話を書かれて、後世の雲水達に一生懸命修行せよといましめていられます。

人間が悟りをひらくとか、見性するということは、並大低の努力・精進では出来ません。しかしお釈迦様が大悟された時、「奇なる哉奇なる哉、一切の衆生悉く如来の智慧徳相を具有す。只妄想執着あるがために証得せず」とおっしゃった。すべての生きとし生けるものはお釈迦様とちっとも違わない智慧と徳分を持っており、暖かい慈悲心もある。しかし妄想や執着があるために、持っておるものが現われてこないだけだ。誰でも持っておりながら、違いが出てくるのです。違いをなくそうとすれば勇猛の衆生となってたくましく精進していかなければならないということになります。

『法句経』の一八二番に「人の生を受くるは難く、死すべきものの生命あるもありがたし。正法を耳にするのは難く、諸仏の出現もありがたし」とあります。人間として生まれるのは非常に難しい。本当は死んでいく身でありながら、今命のあるのはありがたい。正しい仏法を聞くのは誰にでも出来ることではない。諸々の仏さまに出会うことはありがたいとうたっておられます。

お釈迦様ご生存中の弟子に阿難《あなん》という方がおられました。インドでは大地という言葉がぴったりしますが、日本では平野でも少し車で走るとすぐ山にあたり大地という気がしません。阿難はいつもお釈迦様の身のまわりのお世話をしていたのですが、ある時お釈迦様が「阿難よ、爪の上の土とこの大地とどちらが多いかな」と足元の土をつまんで、ご自分の指の爪の上におかれながらおっしゃいました。

阿難は答えて「お師匠さま、爪の上の土はほんの少しです。大地と比べものになりません」。そこで続けてお釈迦様は「そうだ、その通りだ。この世に生まれてくる人は、たくさんおる。人間以外の命あるものは、人の数よりもっともっと多い。人間として生まれてこれたのは非常に幸せなことである。その人間の中でも、本当に生きてきてよかったと悔いのない人生を送れる人は何人おるだろう。この世に生まれてくる多くの人間の中で、我が道をしっかりみつめて正しく生きる人は爪の上の土ぐらいのものだろう」と諭されたということです。

人間として肉体を持っておるだけではいけない。何のために生まれてきたのか。何をしなければならないのか。これでいいのか。安心《あんじん》を得ておるのか。そこが大切であります。

悟りの境地に至るように精進を重ねて、やがて迷いの世界から迷わない彼岸にいかなければならないのです。それも一人だけでなく、みんなと一緒に彼岸に渡るのです。そうでないと救われたとはいえません。

インドでは人間と動物とが一緒に住んでおりますが、インドの人たちはそれほど命を大切にするということでしょう。「人間に生まれること難し」というのは、動物をよくみているので、犬に生まれたかもわからないし、牛に生まれたかもわからない。その中で人間として生まれるのは大変なことなのですよ、という言葉で実感があります。今の日本にはこの実感がありません。人間として生まれてこられたことに気も使わないし、考えようともしません。

人間として生まれた喜び、やがては死んでいくはかない命ではあるが、今はその命がある喜びに思いをいたせば、何一つ不足をいえないはずです。もっともっと感謝して今日を送り、明日を迎えるべきです。

「正法きくこと難し」です。人の話、先輩たちのいい教えには耳をかして聞き、そこからいろいろ学んで心にとめておくことです。心はほっておくととんでもないことになります。

彼岸に対する此岸では日常生活の雑多な悩みが多く、自分で自己の処置が出来ないほどの悲しみ苦しみに出会うこともありますが、それはいつまでも続くものではなく、その悩みの中に解決の糸口をみつけていかなければなりません。自分のまわりに、家族であれ他人であれ、苦しみ悩む人がおれば、力をかしてあげて共によくなるように歩むことです。一人ではなく、共に歩むのが大乗仏教であります。

四弘誓願文がありますが、これは仏教徒の誓いであります。仏教徒はこの誓いが一つでも欠けてはならないのです。

衆生《しゅじょう》無辺《むへん》誓願度《せいがんど》

衆生は無辺なれど誓って度せんことを願う。

生命あるものは数限りなく存在しているが、皆と一緒に救われるように願っていく。

煩悩《ぼんのう》無尽《むじん》誓願断《せいがんだん》

煩悩は限りないけれども誓って断ぜんことを願う。

心の中に煩悩がいっぱいあるけれども断ちきろうと願っていかなければなりません。

法門《ほうもん》無量《むりょう》 誓願学《せいがんがく》

法門は無量なれど誓って学ばんことを願う。

この世の真理、仏教を一生懸命学ぶという願いが必要である。

仏道《ぶつどう》無上《むじょう》 誓願《せいがん》 成《じょう》

仏道は無上なれど誓って成ぜんことを願う。

仏道を実践してみんなと一緒に彼岸に行けるよう努力することによって、内側から幸せが出てくる。みんなに喜んでもらって、自分も救われるのです。

「自未得度先度他」という言葉があります。未だ我、自分が救われる以前に他を救っていこうというこの気持ちが大乗仏教の精神です。

『般若心経』の空の世界も、四弘誓願の中におさまっております。四弘誓願を理解出来なければ

『般若心経』の世界はわかりません。言葉の意味だけにとらわれ、解釈することだけに没頭しておりますと、『般若心経』の世界はわからなくなります。それほど広くて深いのです。

「この人間未知なるもの」と言いますが、未知なるものだからこそ生きていけるのです。悟りの境地は高いところにあるのではなくて、身近なところにしかないのです。遠くの外にはないのです。

白隠禅師の『坐禅和讃』に「衆生本来仏なり　水と氷の如くにて　水をはなれて氷なく　衆生のほかに仏なし　衆生近きを知らずして　遠く求むるはかなさよ　たとえば水の中にいて　渇を叫ぶが如くなり」とあります。彼岸、悟りの境地は自分の心の中にあるのに気がつかずに、遠くにあるように思っておるが、それはちょうど水の中におりながら、のどが渇いたと言っておるようなものである。のどが渇けば、自分のまわりにある水をガブリと飲めば、のどの渇きはいやされるのだ。彼岸はどこにあるのかと探し求めても見あたりません。我が心中にありということになるのです。

舎利子よ、観音様はどこにおられるのか。菩提心をもって歩んでいくところに観音の慈悲は自然に自分の中にわいてくる。『般若心経』でいう観自在菩薩とはまさに各自の心の中にあるということが出来る。しかし『般若心経』の心は仏道を行じ、その境地に至らなければ解けないものである。お釈迦様の成道への道を歩む者でなければ理解することが出来ないなということが、実感としてわかる。文字だけでは『般若心経』がわかったことにならない。

『般若心経』を知らなくても、お釈迦様が歩まれた仏道を同じように修行していけば、自然と『般若心経』の心とぴったりになると思って、日常生活に心をくばって生きて下さい。悔いのない人生を送るために、二度とないこの世での生活を自分で自由に使っていくように、努力精進願いたいと思います。

尊厳なる自覚、心眼をひらいて自己の仏性を点検すると同時に、他者の中に仏性をみつけることも大切であります。

他を尊厳なる存在と知って生きていく、そこに一切衆生を仏性とみていけるのです。生きとし生けるものの世界を大切にし、大自然をも大切にしてもらいたい。それが「衆生本来仏なり」の心を実践していることになるのです。白隠禅師の『坐禅和讃』の最後は、「この身即ち仏なり」と結んであります。

この肉体そのものが仏である、目覚めたものであると自覚しなければなりません。「この身即ち仏なり」の人生観で日暮しするならば、この世に生まれてきて本当にありがとうございましたと感謝が出来ます。そうなれば『般若心経』の世界は自ずと開かれてくるのです。そして人生の生きる道もそこに現前として、はっきりとわかるのです。

お互いそういう生き方をしたいものです。そう願って共に歩んでまいりましょう。

新装版あとがき

釈尊は、この世における生命の終りのとき、常日ごろから随っていた弟子の一人アーナンダ（阿難陀）の問いに応えられた。それは人生一般において、あらゆる人に通ずる教訓でもあった。

「さればアーナンダよ。自己を灯明とし自己を依拠として、他人を依拠とせず、法を灯明とし法を依拠として、他を依拠とせずして住するがよい」

つまり「自灯明」「法灯明」である。この灯明は、つまり島のことであり中洲のことである。広い大陸インドでは大河の氾濫は常のこと、中洲は島であり、安住の地である。その安住の地がつまり灯明なのである。大切なのは自己が灯明であり、法（真理）が灯明であると教えている。

戦後未曾有の東日本大震災の被害を受けた今日、まさに安住の地を失った現実をどう復興するのか。大きな課題が与えられた私たちは、この難問題に向ってともに復興への道を築いて生きて行かねばならない。

そんな思いから、このたびの再刊となった。ブッダの教えが、皆様の心のささえとなればありがたい。

『般若心経』は、現代人の生きるべき正しい道を教えるものである。その『般若心経』を語る場を与えられた。それは大阪中之島にあるエコール・ド・ロイヤルの特別講座であった。月に一度ではあったが、一年間通った。晴れた日もあれば、雨の日もあった。暑い日もあれば、寒い日もあった。それでもいつもたくさんの人たちが聞いて下さった。その熱心な人たちのおかげで話ができた。ひとえにその人たちからご縁をいただいた。

いつもながら思うことであるが、一人では生きて行けない。仏天の加護と、陰に陽に私を応援して下さる人たちのことを思い、その人たちにも感謝したい。

また本書が、あなたの尊い人生の道しるべとなれば幸いである。

平成二十三年七月十日

亀岡　水月道場にて　　　著者しるす

参考文献

『生活の中の般若心経』　山田無文　春秋社
『般若心経講話』　大森曹玄　柏樹社
『般若心経入門』　松原泰道　祥伝社
『般若心経の新解釈』　平川　彰　世界聖典刊行協会
『般若心経講義』　髙神覚昇　角川文庫

宝積　玄承（ほうずみ・げんしょう）

1937年、熊本県人吉市に生まれる。

1959年、花園大学仏教学科卒業後、山田無文老師の下に参じ、祥福寺専門道場で10余年修行、のち大森曹玄老師に参学し嗣法、「無畏室」と号す。

財団法人禅文化研究所を経て、花園大学実践禅学講師、禅仏教とキリスト教との「東西霊性交流」に30余年携わる。現在、ＮＨＫ文化センター、朝日カルチャーセンター講師、花園大学文学部客員教授、的真塾京都国際禅堂代表、世界宗教者平和会議日本委員会評議員。自坊では禅道場を開設し、指導に当たる。

著書『わらじからの出発』『目で見る坐禅入門』（東方出版）、『禅で観る禅で知る』（かんき出版）、『禅僧修道院をゆく』『逆転の呼吸法』（中外日報社）他。

現住所　〒621-0027　亀岡市曽我部町犬飼　東光寺

般若心経に学ぶ　新装版

1987年12月20日　初版第１刷発行
2011年８月15日　新装版第１刷発行

著　者　宝積玄承
発行者　今東成人
発行所　東方出版㈱
〒543-0062 大阪市天王寺区逢阪2-3-2
TEL06-6779-9571 FAX06-6779-9573
印刷所　モリモト印刷㈱

落丁・乱丁はおとりかえします。　ISBN978-4-86249-184-8